O Pequeno Príncipe descobre o Mosteiro

Coordenação de projeto

Reinaldo Reis e Sergio Alves

Edição

Reinaldo Reis

Diagramação

Editora Cosmos

Revisão

Juliana R. de Queiroz,

Arte da capa

Reinaldo Reis

Apoio

Ponte Produções

Dados Internacionais de Catalogação na Publicação (CIP)
(Bibliotecária responsável: Sabrina Leal Araujo – CRB 10/1507)

B333p Barbosa, João Baptista.
O pequeno príncipe descobre o mosteiro / Dom João Baptista Barbosa,
Sandra Witkowski. – São Paulo, SP : Cosmos, 2016.
224 p. : il. ; 21 cm.

Inclui bibliografia e anexos.
ISBN 978-85- 68800-06- 5

1. Filosofia. 2. Espiritualidade. 3. Psicologia. I. Witkowski, Sandra. II. Título.

CDU 1
CDD 100

Índice para catálogo sistemático:
1. Filosofia 1

Editora Cosmos
Rua Caranapatuba, 494
Jardim Umarizal
São Paulo, SP, Brasil
CEP 05756-220

www.editoracosmos.com.br
cosmos@editoracosmos.com.br

O Pequeno Príncipe descobre o Mosteiro

Dom João Baptista Barbosa, OSB
Sandra Witkowski

Aquarelas de João Rossi

Editora Cosmos

A todos que com coragem buscam no seu íntimo, por meio da contemplação e oração a presença salvífica do Deus da misericórdia. Homens e mulheres que se entregam dia após dia ao Opus Dei, ao trabalho e ao desafiador e magnífico modo de vida em comunidade.

Dom João Baptista Barbosa, OSB

A Sergio, meu amado companheiro de todas as horas, aos meus filhos Leon, Isis e Maria, aos meus filhos do coração Leonid e Inácio, aos meus pais Marina e Francisco, e à dona Maridete e ao seu Cosmo, com todo meu Amor e Gratidão.

Sandra Witkowski

SUMÁRIO

Anexos

Agradecimentos

Em pouco mais de 12 anos de vida religiosa fui orientado por verdadeiros homens e mulheres de Deus que a seu modo tão singular me ajudaram e continuam a me amparar na aventura do amor divino.

Agradeço de todo o coração ao meu Reverendíssimo Abade Dom Matthias Tolentino Braga, OSB, o qual sempre solícito ao nos ajudar neste projeto, como pai, confiou verdadeiramente em nosso potencial. Foram tocantes seus encorajamentos para avançarmos às águas mais profundas.

Sou profundamente grato ao Reverendíssimo Abade-Presidente da Congregação Beneditina do Brasil e Abade do Mosteiro de São Bento do Rio de Janeiro, Dom Filipe da Silva, OSB, pelo precioso apoio.

Às irmãs da Abadia de Santa Maria de São Paulo, Madre Escolástica Ottoni Mattos, OSB e Irmã Maria Letícia P. de Campos, OSB, por confiar no nosso trabalho e ajudar neste empreendimento evangelizador.

No meio desse turbilhão da vida, encontrei sentimentos monásticos, o que me proporcionou calmaria por meio da amizade de Dom Camilo de Jesus Dantas, OSB, que em meio às noites escuras caminhamos juntos, trocando experiências sinceras, demonstrando que o amor ainda pode ser visto, ouvido e sentido.

A Dom Eduardo Uchôa, OSB pelo companheirismo necessário na camihada.

À Irmã Faustina Kowalska, OSB oblat (Sandra Witkowski) pelo convite em escrever este pequeno comentário monástico, o qual veio a abrir novos horizontes em minha vida.

Ao amigo, artista e restaurador João Rossi, que prontamente disse 'sim' ao convite para embelezar com motivos beuronenses esta obra. Sua contribuição foi essencial.

À professora Alina Torres Monteiro. Muito do que há escrito neste breve comentário exalou de seu perfume de sabedoria e dedicação com as coisas monásticas.

Aos amigos de toda hora, Josiel Amaral, Cesar Garcia, Wellington Batista, Solone Arruda e Ermeson Paiva, que na Biblioteca do Mosteiro de São Bento souberam me auxiliar nas tão preciosas pesquisas.

Ao amigo e fã de O Pequeno Príncipe, Jeferson Ostrowisk Pereira. Nossas conversas foram inspiradoras e me deixou mais encantado por este magnífico garoto loiro com cachecol amarelo no meio do deserto do Saara.

A Sergio Reis Alves e Reinaldo Reis da Editora Cosmos, a Marleth Reis da Ponte Produções, que incentivaram a escrever este comentário cheio de esperança transformadora e solidária.

A Gabriel Perissé e à Rejane Dias do Grupo Autêntica por nos ceder a magnífica tradução de O Pequeno Príncipe. É sempre bom reler os clássicos.

Aos oblatos e oblatas beneditinos que na vida leiga buscam viver o carisma de São Bento em meio a sociedade. Que esta obra sirva de estímulo.

Por fim, agradeço profundamente aos meus irmãos de comunidade, os monges do Mosteiro de São Bento de São Paulo, que na comunhão e paciência do dia a dia me ajudam a entender e viver a Regra de São Bento.

Dom João Baptista Barbosa, OSB

Poder agradecer é uma grande benção. É sentir que a vida vale a pena em todos os seus momentos. Por isso agradeço ao Pai diariamente por este dom que é a vida e por todos os outros que me deu. E, assim como meu querido amigo e irmão Dom João Baptista Barbosa, OSB, ao qual serei eternamente grata com todo meu carinho por me permitir compartilhar esta maravilhosa experiência, agradeço de todo o coração ao meu Abba Dom Matthias Tolentino Braga, OSB, por sua confiança, amizade e carinho com que sempre me acolheu, ao Reverendíssimo Abade-Presidente da Congregação Beneditina do Brasil e Abade do Mosteiro de São Bento do Rio de Janeiro, Dom Filipe da Silva, OSB, que abençoou este trabalho desde seu início e também por sua sempre doce acolhida, ao caro Dom Abade Bernardo Bonowitz por suas conversas e por seus inspiradores retiros espirituais. A João Rossi, amigo querido que nos alegra com suas lindas obras. Às irmãs da Abadia de Santa Maria de São Paulo, Abadessa Madre Escolástica Ottoni Mattos, OSB e Irmã Maria Letícia P. de Campos, OSB, em memória da Abadessa Madre Teresa de Amoroso Lima (Tia Tuca) e Irmã Maria Madalena, sempre por me apoiar e me acolher com todo o carinho. A Gabriel Perissé e à Rejane Dias do Grupo Autêntica pelo apoio ao nos autorizar a utilização da tradução de O Pequeno Príncipe.

Quero agradecer em especial ao meu querido diretor espiritual

Dom Bernardo Schuler, OSB, por estar sempre ao meu lado nos bons e nos não tão bons momentos de minha vida, sempre me orientando e me ensinando cada dia mais com seu carinho e objetividade.

Ao meu querido amigo Dom André Melli, OSB, por intermináveis e maravilhosas conversas pelos cantos desse mundo, de perto e de longe.

Ao meu querido Dom Alexandre Andrade, OSB, por me ensinar o canto gregoriano que me fez chegar mais pertinho de Nosso Pai São Bento e por sua amizade.

Ao meu querido Dom João Marcos por sua amizade e por sempre me ouvir.

Aos caríssimos amigos Dom Carlos Eduardo Uchôa, OSB e Dom Camilo de Jesus Dantas, OSB, pela sempre maravilhosa acolhida e incentivo.

A Dom João Evangelista Kovas, OSB (abade emérito), mestre querido e orientador.

Agradeço aos meus irmãos Marilza e Gilberto, Mauro e Zeza, Hilton por me ensinarem muitas coisas nesta vida.

E aos meus novos irmãos Celso, Reinaldo e Angela, Marleth e Hermes, Adriana e Francisco por todo o carinho e confiança.

Aos eternos irmãos da Família Ferraz Luz por todo o carinho e amizade.

À minha querídissima Gisleine Ramos por toda sua paciência e carinho.

À amiga e irmã Verbena por me apresentar para tão lindas pessoas e coisas nesta vida. E aos eternos amigos Maria Helena Sponton, César Sponton e Fernando Almeida.

À Comunidade de Amigos do Bom Pastor, dos casais em segunda união, em especial a Simone e Bráulio, Margareth e Freitas, Miriam e José Carlos, Jô e André, Edvete e Cláudio, Idivaldo e Maria Lúcia, Carla e Toni, Moacyr Pedro e todos que sempre me acompanharam nesta jornada.

À WCCM- World Community for Christian Meditation, em

especial a Dom John Main (em memória) e a Dom Laurece Freeman.

À Sociedade de Amigos Fraternos de Thomas Merton.

A todos os mestres e colegas da Faculdade São Bento de Filosofia e Teologia e da Biblioteca do Mosteiro.

A todos os profissionais e alunos do Colégio de São Bento.

A todos os monges do Mosteiro de São Bento de São Paulo, amigos e irmãos que me ensinam cotidianamente sobre a Regra de São Bento. E, também, aos amigos monges do Mosteiro de São Bento de Vinhedo, em especial Dom Prior Paulo Panza, Dom Osvaldo, Dom Agostinho. A Dom José Palmeiro Mendes, OSB (abade emérito), do Mosteiro de São Bento do Rio de Janeiro por suas bençãos, e grata conversa; e do Mosteiro de São João de Campos do Jordão, Rev. Madre Dolores e em memória de Ir. Martina.

Ao meu querido diretor do grupo de oblatos do Mosteiro de São Bento de São Paulo, Dom Lourenço Palata Viola, OSB, e a todos irmãos e irmãs oblatos com todo meu carinho pelos aprendizados, em especial Maria Vanda, Marisa Cecília, Sandra Luiza, Andrea, Robinson, Luiz Marcelo e Rui Alexandre.

E ao João por ter me trazido para este lindo Mosteiro de São Bento de São Paulo.

E a todas as pessoas que encontrei e encontro nesta jornada e que sempre me ensinam novas coisas.

Sandra Witkowski (Ir. Faustina Kowalska, OSB oblat)

Introdução

O leitor pode ter pego o presente livro e agora o lê pelo curioso fato de o vincular a um estilo de vida, muitas vezes, caricato pela mídia, e portanto, pouco conhecido em sua essência. A questão é que, motivados pela curiosidade presente na natureza humana, tendemos a querer conhecer o que é belo; é o que ocorre, por exemplo, quando nos deparamos com a verdade. Quando se conhece a verdade, o olhar se amplia tudo se torna mais sublime e prazeroso.

O grande escritor francês Antoine de Saint-Exupéry, criador de uma bela e deliciosa história de um garoto louro no deserto, teve a chance de estar frente a frente com o que é belo e quis transmitir tal experiência para nós. Trata-se de uma alma que se achou. Da mesma forma como ocorreu com o grande patriarca do monaquismo ocidental, São Bento de Núrsia, que, sempre em busca do sagrado, no silêncio do mosteiro pôde encontrá-lo.

Não queremos, aqui, comparar estas duas figuras históricas, separadas no tempo. Mas as colocamos no mesmo patamar quando queremos evocá-las como buscadoras do sagrado, já que, cada uma, ao seu modo, nos legou escrituras chave ou inspiradoras para uma vida mais consciente e santa.

Neste sentido, fizemos uma viagem na vida destas duas personalidades e pudemos comentar "O Pequeno Príncipe", de Saint-Exupéry, a partir da "Regra Beneditina", escrita por

São Bento quase 1.500 anos antes. A partir da leitura e releitura das duas obras pudemos identificar aspectos monásticos na obra mais famosa de Saint-Exupéry. Ele era um homem de grande inclinação espiritual, o que pode ser percebido em suas outras obras e cartas. Em alguns casos, escreve com clareza sua identificação com a vida dos monges, que, para muitos, parece ser excêntrica ou até mesmo alienada, fora da realidade.

O fato é que o famoso escritor francês escreveu suas obras com grande preocupação e lucidez em transmitir bem aos leitores suas convicções e os valores em que acreditava. É facilmente perceptível em algumas obras sua clara angústia com a situação da humanidade em crise. Foi um homem com alto grau de contemplação. Esta, por sua vez, exige uma grande inclinação à abstração, fazendo-o ser claro, distinto e eficiente. A este processo dá-se o nome de oração.

Essa é uma das grandes heranças dos beneditinos com uma rica e extraordinária importância antropológica. Ao escrever a regra, São Bento buscava harmonizar o mosteiro da melhor forma no seguimento de Cristo, dividindo o dia a dia dos monges entre momentos de oração e trabalho. Esta famosa regra de vida monástica escrita em Montecassino, teve grande impulso com o Papa São Gregório Magno, que havia sido monge e seguia suas orientações no mosteiro. Ele mesmo se queixou da falta que sentia do mosteiro ao viver as preocupações e problemas da Igreja no palácio papal. O Concílio de Aniane, em 817, fez com que esta regra se tornasse a única a ser adotada nos mosteiros, o que durou até a reforma gregoriana, no fim do século XI. Um século antes, foi criada por Guilherme I da Aquitânia a famosa Abadia de Cluny, na Borgonha. Este famoso mosteiro exerceu grande influência em toda a Cristandade, tornando-se a casa-mãe dos beneditinos na Europa, com o desenvolvimento da chamada reforma cluniacense, tendo como objetivo a restauração dos princípios tradicionais da vida monástica, sendo a Regra Beneditina mestra da vivência dos monges, nos mosteiros. Esta se resume na vida boa, santa, por assim dizer. Os preceitos escritos neste texto de cunho legislativo/espiritual são como conselhos de um pai para o retorno da alma para Deus. Este retorno se dá pela obediência, o que exige um exercício cotidiano. O prêmio é alcançado com muito labor, como que subindo degraus de humildade, renúncia e desapego. Aqui se dá o espírito profético, no qual se apresenta a alternativa para o bom e reto seguimento de Cristo, que nos oferece a salvação.

São Bento é um dos Padres da Igreja. Ele é teólogo ao proporcionar uma interpretação da Sagrada Escritura e demonstrar a prática cotidiana desta. É um pastor, pois sendo abade tinha plena consciência da responsabilidade do cargo que exercia e das ovelhas a ele confiadas. A estas deveria ensinar as verdades eternas, devendo conduzi-las aos prados verdejantes da eternidade com Deus. Por fim, era místico, pois como homem de oração, contemplava as Escrituras no silêncio de sua cela, na qual podia exercer suas práticas devocionais, encontrar-se consigo mesmo, e na oração, conversar na intimidade com Deus.

Os monges, ao viverem com afinco a Regra Beneditina, acabaram por exercer grande influência nas sociedades que circundavam os mosteiros e, posteriormente, toda a Europa. Trata-se de um movimento sempre interessado em abrir-se ao conhecimento da realidade, agregando as mais diferentes técnicas, ciências e culturas a si. Os monges, que evangelizavam por todo o continente europeu, espalharam a doutrina católica, fazendo que São Bento fosse declarado Patrono da Europa, em 1964, pelo Papa Paulo VI, reconhecendo o valor da espiritualidade beneditina na vida não apenas dos monges, mas dos demais cristãos.

Ao conhecer a vida de Antoine de Saint-Exupéry, entendemos que ele sofreu grande influência da espiritualidade beneditina. Católico, teve uma educação esmerada nas escolas jesuíta e marista, respectivamente. A doutrina católica sempre esteve presente em sua vida e seus escritos estão repletos desses valores. Francês como era, sabia suas origens de filho dileto da Igreja. Visitar mosteiros era um hábito necessário para reestabelecer a ligação espiritual nos momentos de fraqueza e esgotamento. Ainda hoje, mosteiros são procurados por muitos para retiros espirituais, o que faz deste local um ponto espiritual e fonte de irradiação da cultura. A espiritualidade beneditina pode ser trazida para nossa vida cotidiana, auxiliando-nos a enfrentar aquilo que se apresenta de uma maneira mais consciente, mas também amorosa.

Pretensiosamente, colocamos a Regra Beneditina junto com "O Pequeno Príncipe", num mesmo livro. Para alguns, parecerá estranho. Mas, como que dentro de um mosteiro, num deserto espiritual, poderemos nos encontrar com um garoto louro que, com suas indagações, nos desconcerta e nos faz abrir os olhos para a maravilha da vida. Se lermos "O Pequeno Príncipe" com um olhar monástico, pode ser que cheguemos mais longe. Não seria o principezinho um monge no deserto a proferir apoftegmas, palavras de sabedoria que podem abrir nossos corações para realidades superiores? Não colocou Saint-Exupéry a espiritualidade beneditina em "O Pequeno Príncipe" como uma saída para as mazelas de nosso tempo? Pode ter sido esta sua intenção. Pode ter sido esta sua consciência. Podemos falar de consciência como místicos, tornando a experiência bem concreta de encontro com a verdade. Esta nos mostra tudo sobre nós mesmos e nos cura de tudo o que não somos. Neste sentido, "O Pequeno Príncipe" conseguiu o objetivo e o mérito.

Sendo assim, a famosa Regra Beneditina torna-se uma chave de leitura para esta que é uma das maiores obras da literatura mundial de todos os tempos, "O Pequeno Príncipe". Numa biblioteca, os dois títulos poderiam ser guardados um junto ao outro sem nenhum problema. Ambas se complementam no que tange à fixação e ao desenvolvimento da cultura. Irá acordar curiosidades e despertar ideias.

I

Um pequeno artista

Como que a revirar lembranças guardadas em um baú, Exupéry inicia sua estória de maneira inusitada, relatando episódios do que parece ter sido sua infância. Tal relato é exibido de maneira didática a fim de que todos possam ter bom e claro entendimento. O episódio do pequeno desenhista que não fora compreendido pelos adultos, mexeu com o artista e transformou-o por inteiro, fazendo-o mudar os planos para outra profissão, mas com objetivos similares – voar alto.

São Bento, patriarca dos monges do Ocidente, dá especial importância às artes. Ele fora formado num ambiente em que a arte estava por todos os lados. Retórica, pintura, escultura sempre foram valores presentes em Roma, nas regiões circunvizinhas e em toda a Itália, pátria do santo.

Os artistas no mosteiro são tão importantes, que há, na Regra Beneditina, um capítulo todo dedicado a eles. Trata-se do capítulo LVII: "Se houver artistas no mosteiro, exerçam sua profissão com toda a humildade e reverência, se o abade o permitir.". Ato criativo, partícipe da criação do próprio Deus. Tal arte visa o bem do mosteiro e a edificação dos religiosos. Portanto, humildade é essencial, a fim de que o religioso artista não se ensoberbeça. Aliás, humildade é exercício cotidiano dentro do mosteiro. Dia a dia, subindo seus degraus um a um.

O desenhista era criança e precisava de incentivo. Não teve.

Quando se entra no mosteiro também somos crianças. Os irmãos mais velhos nos ajudarão com sua experiência de vida a enveredar pela via pulchritudinis, o caminho da beleza da vida monástica. No entanto, os monges já considerados adultos, não estão imunes ao esquecimento da simplicidade pueril. Às vezes, somos desencorajados à simplicidade e podemos cair no marasmo e no vício que permeiam a vida humana. Com isso, podemos guardar nosso desenho no bolso, nos colocar no nível das pessoas "adultas" e falar de baralho, golfe, política e liturgia. Podemos deixá-las satisfeitas, mas nosso desenho estará sempre guardado. Nossa alma de artista estará sempre dentro de nós.

Assim como na vida monástica, a vida cotidiana de leigos também carece de humildade e simplicidade, para que possamos apreciar as pequenas coisas que se apresentam a nós e que são verdadeiras obras de arte que o Divino envia para termos uma expressão mais bela, neste mundo. Quando Saint-Exupéry mostra seu desenho àqueles com quem se encontra, não julga a interpretação que estes fazem de seu desenho, mas acolhe as diversas opiniões com respeito à realidade que o outro traz.

Isto nos faz refletir a respeito de como estamos vendo nossa vida. Vivemos uma realidade ou nos enganamos diante dos acontecimentos?

A arte, em todas as suas expressões, nos permite voltar a um mundo em que vivemos quando crianças, em que a pureza era o bom véu que permeava nosso olhar, nosso ouvir, nosso falar.

II

Recolhimento, uma necessidade

A palavra: "monge" vem do latim monachus e designa o modo de viver dos eremitas ou anacoretas, e já em sua raiz tinha implícito o sentido de solidão. O monge é um ser só, mas não apenas isso. É um ser unificado que deve renunciar às coisas más, mas também às coisas boas. A razão que o leva à renúncia é evitar que ele se torne um ser fragmentado, para ser totalmente de Deus.

A solidão é primordial na vida do monge. Há uma solidão saudável que contribui com a amerímnia – palavra grega que significa viver sem preocupação – e a anachoresis – retirar-se. A noção de deserto é ambivalente. Este pode ser bom ou mal. A noção bíblica de deserto influenciou os Santos Padres do deserto – primeiros monges –, assim como a São Bento. Está presente em vários relatos bíblicos, como a caminhada do povo de Deus em busca da Terra prometida, no Antigo Testamento, e a tentação sofrida por Cristo, no Evangelho de Mateus. O deserto é o lugar da luta. A cela é o deserto no mosteiro. Mesmo neste deserto, o monge luta pela anachoresis para viver a vida angélica. Os anjos são seres unificados. Vivem a serviço de Deus e totalmente voltados para Ele.

Há, também, o sentido do peregrinar, do tornar-se estranho a um lugar, representado pelo piloto que voou pelo mundo, mas que sempre corre o risco de uma pane. Neste sentido, ele vive a xeniteía, o expatriamento, como vive o monge. Segundo

São Nilo, a xeniteía é a mais difícil e mais gloriosa das ações ascéticas. Abraão é o protótipo deste estilo de vida. Neste peregrinar no deserto, por exemplo, há o espírito de silêncio, tão defendido por São Bento (RB VI).

Os leigos também necessitam deste momento de solidão, de silenciamento, que é de suma importância para o desenvolvimento pessoal, para um maior autoconhecimento e, principalmente, para abrir seu coração para uma escuta verdadeira e profunda. Não por menos, São Bento abre sua Santa Regra, no Prólogo, dizendo "Escuta, ó filho, os preceitos do Mestre e inclina o ouvido do teu coração. Reecebe de boa vontade o conselho de um pai cheio de ternura e segue-o de modo eficaz a fim de voltares pelo labor da obediência, Àquele de quem te havia afastado pela fraqueza da desobediência.".

Este silenciar permitirá que se saia de um estado egocêntrico, permitindo o acolhimento do outro da maneira que ele é.

É importante salientar que este sentido de peregrinação nos possibilita perceber a impermanência desta vida, que pode mudar seu rumo a qualquer momento.

Uma criança loura pode aparecer como que um mestre – também como peregrino – e nos pedir para desenhar um cordeiro. Sabemos, mesmo que confusos pela surpresa, que nosso desenho está guardado.

III

Em busca de respostas

A curiosidade, a busca do conhecimento é inerente ao homem, um ser racional. O mosteiro é considerado por São Bento uma escola – escola de serviço do Senhor. Escola, como bem sabemos, é local de aprendizagem, reflexão, formação. E deve ser o local da transmissão da verdade e do bem. Aliás, a verdade é o nosso guia. Nesta caminhada silenciosa e paciente, o candidato a monge e, posteriormente, o próprio monge, deve renunciar às próprias vontades para militar nas fileiras do verdadeiro rei, Jesus Cristo (Prólogo). Para se juntar à Militia Christi, o aprendiz deve receber instrução necessária. Trata-se de uma arma poderosíssima e gloriosa, que é a obediência (Prólogo).

A caminhada espiritual no mosteiro é feita gradativamente, mas, ao adentrar os umbrais da clausura, o postulante a monge já vive como tal, embora sua caminhada ainda singela deva ser considerada. Suas quedas e fraquezas devem ser relevadas, dependendo do grau de erro de cada um. Sendo assim, ao sair do mundo e mudar-se para uma convivência no mosteiro, será necessária uma transformação diária, o que no mosteiro é designado como conversação dos costumes. Ao sair do sono do mundo e ingressar na vida monástica, receberemos as armas, cingiremos os rins pela fé e pela observância das boas obras, sempre guiados pelo Evangelho. Devemos pedir ao Senhor, que nos chama e ordena à sua Graça, prestar-nos auxílio.

Seguindo as instruções do Mestre pelas leis do amor, receberemos pela promessa do Senhor ser co-herdeiros de seu Reino.

Os oblatos, leigos que estão sob a espiritualidade da Regra de São Bento, também têm uma caminhada semelhante para que possam entrar para a comunidade do mosteiro, convivendo com os irmãos monges e compartilhando as experiências com estes.

Os primeiros mestres da vida monástica eram considerados pais. Suas palavras de sabedoria eram apreciadas e consideradas santas por seus discípulos. Há diversas estórias da vida e das ações de homens e mulheres sábios que se retiraram para viver como anacoretas. Tais relatos são acompanhados por ensinamentos que, integralmente, são designados apoftegmas. A palavra era essencial e relatada junto com as circunstâncias nas quais foram pronunciadas, esclarecem seu sentido. O termo tem relação com a vida e com a ação, repletas de sentido e profundidade espirituais. São palavras eficazes, pois são palavras de vida. Elas vêm de Deus ou de um homem de Deus, o que as fazem ser consideradas de grande eficácia. Quem profere um apoftegma só o faz inspirado e ungido por Deus e apenas para o ouvinte que ele sabe estar disposto a colocá-la em prática. A Regra Beneditina é dirigida a alguém como filho. Este alguém pode ser eu ou você. É alguém em particular. Neste caso, São Bento, como mestre, é exemplo. O que ele escreve são coisas belas ditas e feitas. São palavras cheias de virtude.

"Quando a gente anda sempre em frente, não se pode mesmo ir longe..."

Poderíamos considerar que este apoftegma, proferido por nosso Pequeno Príncipe, nos leva a refletir que, nos dias de hoje, é comum encontrarmos pensamentos que apenas nos levam à frente, ao futuro. Uma ansiedade de caminhar para a frente, continuamente, sem que nos apercebamos da importância de estarmos presentes, observando, contemplando cada momento de nossas vidas.

O principezinho, ao indagar sobre os sentidos das coisas, está em busca de sentido para si. Ele, como um monge, deixa seu mundo tão pequeno e se depara com o deserto. Afinal, só conheceremos o bem se realmente quisermos.

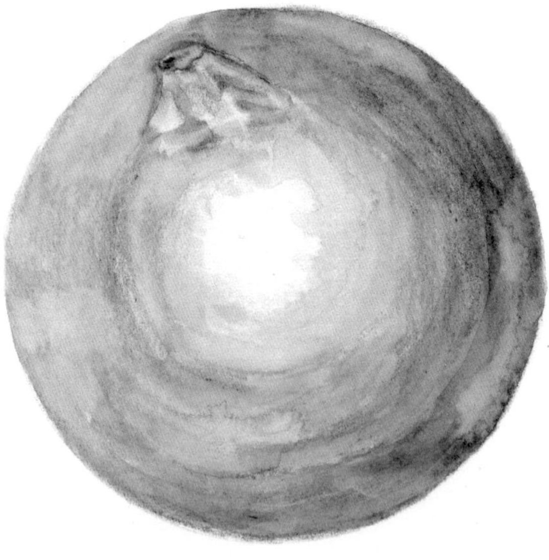

IV

Olhar para o céu

Os antigos sempre identificavam o firmamento com a divindade. Havia uma relação íntima consciente do homem com o céu. Este era identificado como a morada de Deus ou das divindades. Na Antiguidade, até há não muito tempo, Astronomia e Astrologia se mesclavam. Apesar de a última ser considerada superstição, os astros influenciam nossas vidas. Plantações implicam no bom conhecimento da terra, assim como também das fases da lua.

Contemplar o céu e as estrelas nos coloca na dimensão geral da criação. "Deus disse: 'Haja um firmamento'" (Gn 1, 6). O infinito é uma verdade. O universo é prova disso. É um estímulo, um desejo do encontro com a Verdade.

Em O Pequeno Príncipe, Exupéry abrange este fato introduzindo a curiosidade natural humana com os métodos científicos de pesquisa, como a Astronomia. O Pequeno Príncipe mora, portanto, num minúsculo planeta, um asteroide chamado B 612. Os números que os estudiosos do firmamento dão aos astros encontrados por eles também fazem referência ao infinito.

Como São Bento, Exupéry tem um objetivo: Não querem que leiam seus escritos superficialmente. Exupéry esclarece que tenta descrever, minuciosamente, o garoto louro que encontra no deserto, para não o esquecer. Preocupado com a exaustão do leitor, afirma que mais fácil seria começar seu relato da maneira mais convencional, como nos contos de fadas: "Era uma vez...". A Regra Beneditina é lida diariamente pelos monges nos mosteiros, e também pelos oblatos, a fim de não esquecerem de um amigo: Deus. Isto pelo fato de a regra estar pautada nos valores evangélicos. Trata-se, porém, de um escrito legislativo/ espiritual, no qual os religiosos buscam a harmonia numa comunidade.

Deus anuncia a hereditariedade de Abraão ao convidá-lo a olhar as estrelas. São Bento, como patriarca, possui filhos e filhas, monges e leigos numerosos espalhados por todo o mundo como centelhas da verdade e do bem. Seguindo seus passos, a partir da *Regra*, os beneditinos buscam contemplar a verdade do firmamento. São Gregório Magno relata, no segundo livro dos diálogos, que o mestre beneditino contemplou um mundo inteiro num único facho de luz, como o sol. E não é isso que João, em sua 1ª carta, nos indica, uma vez que somos chamados filhos de Deus? "Amados, desde já somos filhos de Deus, mas o que nós seremos ainda não se manifestou. Sabemos que por ocasião desta manifestação seremos semelhantes a ele, porque o veremos tal como ele é" (1 Jo 3,2). Assim se demonstra quem é filho de Deus: quem pratica a justiça e ama seu irmão.

Isso se reflete na vida do leigo que está sob a espiritualidade da Regra de São Bento, os oblatos beneditinos, e que pode se estender a todos os seres humanos, fazendo-nos refletir sobre a importância de não estarmos ligados somente às coisas terrenas, ao valor numerário que elas têm, que traz uma preocupação maior com o que se tem do que com o que se é, nos distanciando de um contato com nossa essência.

São Bento, quando propõe que se deixe tudo para entrar no mosteiro, nos aponta o caminho para a simplicidade que pode nos enriquecer muito mais do que os "números" que carregamos em excesso, em nossas vidas.

V

Distinguir as sementes

No Evangelho de São Mateus (Mt 13, 24-30, 36-43), Cristo nos conta a parábola do joio e do trigo. Há, em nosso meio, sementes boas e ruins que, ao crescerem, se tornarão ervas boas ou ruins. Ao mesmo tempo em que um homem semeou boas sementes de trigo em seu campo, um inimigo semeou sementes ruins, de joio, em meio às sementes de trigo. Os empregados do dono do campo se surpreenderam ao perceber que havia crescido joio em meio ao trigo semeado. A lógica dos empregados era a de que eles deveriam arrancar o joio, uma erva daninha, do meio do trigo para que este crescesse melhor. No entanto, o dono do campo semeado se utilizou da sabedoria e repreendeu os empregados para que não arrancassem o joio do meio do trigo, uma vez que o joio é muito parecido com o trigo, fazendo que, por engano, se pudessem arrancar junto com a erva ruim também a boa erva. Deste modo, seguindo a orientação do dono do campo, os empregados deveriam deixar crescer as duas ervas juntas até que na hora da colheita pudessem identificá-las claramente e, assim, arrancá-las.

O Pequeno Príncipe sofria com sementes ruins que infestavam seu pequeno planeta. Era necessário a disciplina diária para arrancar os arbustos que cresciam. Havia um ritual cotidiano, como no Mosteiro. "É uma questão de disciplina... Quando a gente termina a higiene pessoal da manhã, é necessário fazer cuidadosamente a limpeza do planeta." O dia dos monges é dividido por momentos de oração e trabalho. A disciplina regular é destacada por São Bento no Capítulo XLVIII, da Regra: "O trabalho manual cotidiano", em que afirma que "A ociosidade é inimiga da alma.". Aqui, há o cuidado com o trabalho e o tempo em que os irmãos devem exercer os mesmos exercícios. São Bento tem o cuidado com cada irmão em particular, levando em consideração a moderação no labor, assim como a limitação de cada um. Diversas outras circunstâncias são alertadas: "Se porém a necessidade do lugar ou a pobreza exigirem que se ocupem por si mesmos em fazer a colheita, não se entristeçam, porque são verdadeiramente monges, quando vivem do trabalho de suas mãos, como os nossos Pais e os Apóstolos.".

Os leigos também devem estar atentos às ervas más que costumam invadir nosso cotidiano. São Bento nos fala do zelo bom que devemos cultivar a fim de que nos afastemos da amargura e dos vícios, e nos aproximemos de Deus e de tudo o que Ele nos dá pela Graça.

O exercício do zelo bom (RB LXXII) pede que suportemos com "a máxima paciência as (...) enfermidades, quer corporais queer espirituais."; e que "Ninguém procure o que lhe pareça vantajoso para si, mas sim o que for útil para os outros. Satisfaça com casto amor a dívida da caridade fraterna.".

É evidente que, para que isso penetre em nosso coração, atingindo nossas ações, é preciso uma disciplina pessoal constante e amorosa, que pode ser adquirida com a mudança de hábitos que um caminho com mais espiritualidade pode nos proporcionar.

VI

Apreciar o que é belo

Os Salmos são poemas que os monges cantam e meditam no ofício divino, ações litúrgicas da Igreja, sobressaindo-se à oração coral. O salmista exprime seu louvor também admirando a beleza da criação. O monge, nos jardins do mosteiro, tem a oportunidade de também contemplar os feitos de Deus. Embora, para muitos, a vida no mosteiro pareça melancólica, há uma dinâmica feliz em que a comunidade se reveza nas funções cotidianas e o louvor se faz presente durante todo o dia, seja na meditação da Palavra, seja no trabalho manual ou no estudo. Sempre é tempo de louvar. O Pequeno Príncipe parecia levar uma vida melancólica, mas ele reconhecia a beleza da criação. O crepúsculo é sinal dessa percepção que está dentro de todos nós. Ele adorava admirar o crepúsculo. E ele louvava esta beleza, assim como o salmista: "Seja bendito o nome de Iahweh, desde agora e para sempre; do nascer do sol até o poente, seja louvado o nome de Iahweh." (Sl 113, 2-3).

São Bento é muito rigoroso com relação ao ofício divino. Do capítulo VIII ao XX ele dá instrução de como devem ser os ofícios divinos, a distribuição dos salmos e o modo de salmodiar. O monge deve ser um indivíduo de íntima oração. O ofício divino regula todo o dia no mosteiro. Ao despertar, o monge deve ir direto ao oratório e às pressas para orar. O 1° ofício do dia é chamado de *Laudes* (Louvor). "Ofereçamos, pois, nesses mesmos momentos, os nossos louvores ao Criador pelas decisões da sua justiça" (RB XVI). São Paulo nos exorta ao louvor quando diz: "... mas buscai a plenitude do Espírito; Falai uns aos outros com salmos, hinos, e cânticos espirituais, cantando e louvando ao Senhor em vosso coração; Sempre e por tudo dando graças a Deus, o Pai, em nome de nosso Senhor Jesus Cristo." (Ef 5, 18b-20). Todos os louvores que saem de nossos lábios estejam em conformidade com nossas mentes, pois Deus está presente em toda a parte, também na natureza (RB XIX).

Nosso principezinho, em sua simplicidade, sabia admirar essas pequenas e boas coisas da vida. Por ter tão pouco, ou melhor, o suficiente, tinha a possibilidade de apreciar o pôr-do-sol em toda sua beleza e profundidade.

Não é preciso galgar grandes distâncias para apreciarmos o que é belo. A beleza está ao nosso lado e até mesmo dentro de nós. Assim como nos fala São Bento, devemos preservar a simplicidade no silêncio do dia-a-dia. Mesmo aqueles que não têm a vocação monástica, os leigos, deveriam se propor a parar por alguns momentos, ao longo do dia, apenas para observar, em silêncio, as dádivas divinas, como um simples pôr-do-sol, que está sempre acontecendo sem que nos demos conta disto.

A maioria dos mosteiros tem suas portas abertas àqueles que, com os monges, queiram orar os ofícios, podendo ser um momento de paz e de entrega em meio ao que se vive mundanamente. E quando a tristeza nos abater, permanecer um pouco mais neste silêncio, para que nossas forças sejam renovadas N'Aquele que se manifesta nestes pequenos acontecimentos.

VII

SINAIS DO AMOR DIVINO

Ao longo da História, produzimos lugares magníficos em que a arte tenta, ao seu modo, explicar a beleza da criação divina. Os espaços sagrados são os lugares mais próprios para tal fim, uma vez que se trata de local para o encontro com o divino. Há lugares com arquitetura sagrada impactantes. Começa-se a percorrê-los e se arrebata com belezas alucinantes, com tantos códigos em forma de arte sacra. O expectador sente-se dentro de um tronco de árvore, pronto para florear. A imponência do local pode e deve dialogar com a realidade natural, uma vez que é símbolo desta.

A criação é o templo por excelência. "Deus viu tudo o que tinha feito: e era muito bom." (Gn 1, 31) O Ser humano é sinal deste amor divino. É a presença e participação deste sagrado. Somos templos do *Espírito*. Eis o mistério a que estamos embarcados.

São Bento reconhece tal primazia da criação da humanidade. O mosteiro é local de busca. Buscar conhecer as situações externas, mas também o interior, a alma. Conhece-te a ti mesmo, como nos lembra o filósofo. A curiosidade é inerente ao ser humano, perguntar sempre, com insistência a fim de conhecer verdadeiramente o que nos é apresentado. No entanto, nós, como buscadores da Verdade, devemos procurar ter paciência com aqueles que com insistência pueril nos questionam e nos colocam em situações que parecem embaraçosas. Busquemos meios eficazes para que a semente que está a ser semeada venha a dar frutos. Sendo assim, no exercício da obediência poderemos abraçar a paciência e no silêncio meditar, e por conseguinte, mediante a confiança e esperança em Deus vencer as atribulações a que estamos sujeitos (RB VII).

Poderemos falar sobre a humildade de Deus, personificar o nascer do sol na figura de Jesus, ler passagens bíblicas ou não sobre a pobreza e a opressão na história da vida humana, mas nunca como se fossem ficção e/ou coisa do passado, que aconteceu "naquela época" e hoje todos podem ficar bem, em nome de Jesus Salvador. Devemos ler tais sinais no hoje, no momento presente e sair do espaço sagrado com boa energia, com fé, com aprendizados sempre novos que cutucam nossa ignorância e nosso vazio, preenchendo-o com uma luz que não nos cega.

Diante disto, nos encontramos com nosso principezinho, que se põe a chorar apenas em pensar na perda de sua tão amada flor... Porém, mais do que isso, chora por aqueles que não sabem dar valor ao que realmente merece.

Em um momento de irritação conhecido por nós, monges ou leigos, humanos, em nossa vida cotidiana, pelos mais diversos e míseros motivos, somos levados a refletir sobre a nossa condição ínfima de estarmos mais envolvidos com a materialidade do que com as coisas que realmente importam e que, por muitas vezes, parecem inúteis, como a singeleza, a ingenuidade de uma flor que se defende do mundo como pode e que se preocupa.

Sim! Preocupa-se com nossa condição de sermos sérios, nos inflando de orgulho, de acharmos que somos ou fazemos alguma coisa que nos permite viver o amor, amar. Isso é para se irritar mesmo! E chora, e choramos, ao perceber o perigo que nos ronda se vivermos desta maneira.

VIII

Conhecimento de si

A dúvida nos conduz a um caminho tortuoso, que poderá nos levar à verdade. A esta se chega com questões, com o espanto diante de ocasiões nunca vividas e, por isso, incompreendida no instante em que se vive tais experiências.

O conhecimento de si se faz com a experiência, e, a partir desta, com a introspecção. Religiosamente falando, podemos também fazer pela oração uma busca interior. Os jovens – e não apenas eles – vivem momentos de descobertas. Estas, muitas vezes, podem causar transtornos e sofrimentos. Assim ocorre quando se descobre o amor.

Quando se está diante do amado, ficamos na dúvida se, de fato, trata-se de um amor verdadeiro. A princípio, os enamorados ficam a rodear diante da porta da amada. Esta, quando se sente atraída pelos galanteios daquele, também fica à espera dele na janela. E não estão de qualquer maneira. A arte da sedução exige um cuidado também de si. A aparência recebe um trato, se escolhe as palavras mais adequadas para o diálogo amoroso. Até o modo de caminhar sofre alterações.

Os interessados na vida monástica, assim como aos demais modos de vida religiosa, também agem como os amantes. Em primeiro lugar, ficam entusiasmados por este estilo de vida, tentam conhecê-lo, fazem perguntas diversas, algumas vezes, desnecessárias, e tentam, a todo custo, ingressar no mosteiro mesmo sem o conhecer bem. São Bento é muito sábio quanto à recepção dos candidatos no mosteiro. "Quando alguém se apresentar no mosteiro para converter-se, não se lhe deve permitir facilmente entrada (...). Se durante quatro ou cinco dias o recém-vindo perseverar em bater à porta e se mostrar paciente em suportar todas as injúrias que lhe fazem e a dificuldade da entrada, persistindo no seu pedido, a entrada lhe será concedida e a sua morada será pelo espaço de alguns dias na habitação dos hóspedes, passando depois disto para a casa do noviciado e, onde ele irá meditar, comer e dormir." (RB LVIII) Uma leitura rasa sobre estas poucas palavras pode nos levar a considerar este método de avaliação perverso, mas nos lembra que, em tudo na vida, devemos testar se o que sentimos é realmente o que queremos. Em tudo há degraus para conhecer algo. Primeiro, olhamos, em seguida, queremos tocar, sentir com nossas próprias mãos determinada realidade.

No meio religioso, fala-se muito da necessidade de renovação, de retorno às origens e do fervor inicial, o fervor de um noviço. Com o passar dos anos, podemos cair na rotina e deixar-nos levar por este mal, o que nos conduz a uma perda de sentido. Olhando para o passado podemos nos deparar com imagens que parecem distantes, e chegamos à conclusão de que não deveríamos ter fugido, pois não compreendíamos nada naquelas ocasiões. Podemos até dizer que éramos jovens demais para amar.

Tudo o que falamos com relação à vida monástica pode facilmente ser transportado para a vida de leigos. Os leigos passam também por este processo de conquista, em diversos setores de suas vidas.

O nosso autor, aqui, se utiliza do fascínio, do encanto que as flores exercem em nossas vidas. E como apenas uma rosa provocou em nosso principezinho esse sentimento, nos faz refletir sobre como estamos suscetíveis às emoções que evocam o cuidado, a preocupação com aquele a quem amamos.

É preciso que estejamos atentos às necessidades do outro

para que tenhamos a possibilidade de deixar marcas positivas naqueles que amamos. Porém, é preciso que não nos excedamos neste cuidado para que não haja o perigo da corrupção pelo orgulho. Tudo em boa medida, como nosso amado São Bento nos orienta em sua Santa Regra.

IX

Despedida

Períodos de fervor e alegria se alternam com momentos de aborrecimento e de desgosto. A dor da partida é, às vezes, necessária para podermos nos conhecer melhor e sermos felizes. Com tal aforisma, o Pequeno Príncipe se despede de sua amada e irá procurar entender a magia da vida por outros mundos. Sair de si para se encontrar. Precisava estar só. É possível lançar a questão: não sabia ele que a solidão é um bem, uma escola de autoconhecimento em que as almas se encontram? É na solidão que os eternos peregrinos são conduzidos em marcha para a fonte da vida. Na solidão, o homem se revela a si mesmo, pesa suas possibilidades e amadurece para a ação. Ela se torna, portanto, um prelúdio da ação fecunda.

Os primeiros monges criticavam aos que se enraizavam em determinado lugar, já que defendiam a necessidade do desapego. Era preciso se instalar numa cela interior. No interior de si está a luta. Ora, sem luta não há progresso. Podemos nos encontrar desnorteados sem a censura esperada e sermos surpreendidos por um "eu te amo!". Quando se diz a alguém "eu te amo!", se diz que quer que este alguém viva intensamente. Tratemos de ser felizes, mesmo não compreendendo a mansidão. Assim, mais uma vez, nosso autor nos mostra o amor e o cuidado. Nosso principezinho tinha toda uma organização para cuidar do lar que tanto amava, o seu planeta. Era, com isso, prudente e prevenido. Sabia que precisava manter os vulcões revolvidos a fim de que não se revoltassem e destruíssem o pequeno planeta.

Com ele, podemos aprender como deveríamos fazer no nosso dia-a-dia. Entrar em contato com aquilo que pensamos, imaginamos e, em uma atitude de cuidado para conosco mesmos, entregarmo-nos Àquele que nos criou para que conduza o que realmente devemos realizar, como devemos agir. Revolver algumas coisas que trazemos em nossas mentes permitirá que não cresçam demasiadamente e inundem nossas vidas de maneira desordenada.

E a despedida? Despedidas são sempre tão doloridas...

Deixar para trás tudo aquilo que nos trouxe até o presente momento pode nos causar um imenso desconforto. Desvencilhar-se do que passou nem sempre é muito fácil, sejam bons ou não tão bons momentos. Mas, se faz necessário para que possamos alçar novos voos e conquistar novos conhecimentos.

Nosso principezinho despediu-se daquilo que, de certo modo, era seu, deixando sua marca de Amor em tudo o que cuidou.

X

Desapego

A necessidade de se instruir é vital. No processo de autoconhecimento podemos nos deparar com o mal de quem sofre sempre o risco de uma queda. O mosteiro é o local do exercício espiritual da humildade. Claro que se trata de uma vida ascética, afinal, o mundo nos oferece de tudo. Mas, embora estejamos no mundo, estamos apenas de passagem, como o Pequeno Príncipe.

São Bento, em sua regra, nos lembra que o abade do mosteiro, escolhido pela comunidade monástica, deve ter sempre em mente mais servir que mandar, uma vez que faz as vezes do Cristo. Além disso, nunca deve perder de vista sua própria fragilidade (RB LXIV).

Mas, o Pequeno Príncipe, nesta sua jornada, não está tão só assim. Ele visita alguns planetas, e no primeiro encontra um rei. Podemos cair na tentação de reinar sobre o mundo, sobre nossas comunidades, sobre nossos amigos ou nossos familiares. Tenhamos cuidado! A Jesus, no deserto, lhe é oferecido todos os reinos do mundo em troca da idolatria (Mt 4, 9). Mas o satanás reinaria sobre o quê, já que o próprio Cristo é o *Rei* por excelência? (Sl 82, 19). Satanás reina sobre os que dizem não ao Supremo Rei. A modernidade fez com que o ser humano perdesse o guia que o ajudava a olhar para o alto, exaltando suas próprias misérias. O poder é algo a que muitos lutam para obter, mesmo tendo consciência de que este é efêmero. Num mundo assim, somos taxados de retrógrados. Esquecem-se eles de que Cristo sempre nos oferece o novo. Que o seu reino não é deste mundo e que esse mesmo reino não tem fim. Se o seguirmos, reinaremos com Ele e, assim, viveremos para sempre. Neste capítulo, portanto, o nosso autor nos leva a pensar como estamos julgando os outros e a nós mesmos.

Na nossa vida cotidiana, vivemos cometendo julgamentos equivocados a respeito de tudo e de todos, sem respeitar as diferenças que o outro nos traz. E deixamos de olhar para nós para olharmos apenas o outro.

Como o autor nos diz, através das palavras do rei: "Se conseguirias fazer um bom julgamento de ti, és um verdadeiro sábio". Palavras verdadeiras difíceis de serem levadas à ação, porém, necessárias para que possamos viver esta vida de maneira plena.

Um outro ponto bastante interessante é quando, ainda pelas palavras do rei, o autor nos diz que "É preciso exigir de cada um o que cada um pode dar". São Bento, em sua Regra, também nos fala a esse respeito quando diz que devemos ter, uns com os outros, a mesma medida, sem nada mais exigir do que a verdadeira possibilidade de cada um. Aquele que não perceber isso, jamais será uma autoridade, pois não estará se baseando na razão para tomar decisões.

XI

VAIDADE

Para Narciso, o que não é espelho é feio. Eis o horror! Ele se compraz no isolamento próprio a fim de obter o gozo de si mesmo e, para isso, se transforma no ídolo que lhe satisfaz. Cai no erro e, por isso, morre. Em Sabedoria 14, 12-14, o autor nos lembra que "A ideia de fazer ídolos foi a origem da fornicação, sua descoberta corrompeu a vida. Porque nem existiam desde o princípio e nem existirão eternamente: é por uma ilusão humana – vaidade – que elas entraram no mundo, por isso, um rápido fim lhes foi decretado.". Quando se fala em vaidade, rapidamente nos vem à mente as sábias palavras do Eclesiastes: "Vaidade das vaidades – diz Coélet – vaidade das vaidades, tudo é vaidade." (Ecl 1, 2). Esta tão famosa passagem pode ser banalizada pelo uso exaustivo sem análise adequada, o que faz que sua compreensão seja prejudicada.

O culto pessoal não é algo novo. Vem desde a antiguidade, como nos lembra o próprio mito de Narciso. No entanto, a preocupação com o corpo por meio de dietas mirabolantes, exercícios e mais exercícios em academias e o desejo de se assemelhar a celebridades televisivas gerou uma situação em que o ser humano, na atualidade, parece pensar exclusivamente no corpo, ou se dedica na maior parte do tempo a ele. O sentimento egóico é percebido também nas redes sociais, em que milhares de pessoas – geralmente jovens, mas não só – publicam fotos de si – selfies – aguardando palmas, curtidas e comentários que façam sua autoestima subir às alturas. Os vaidosos ouvem apenas os elogios.

A busca frenética por um corpo belo faz que nos esqueçamos de embelezar a alma. Alguns até se tornam como Dorian Gray, nos dias hodiernos. Esquecem-se de se transfigurar.

Quando Adão foi criado, Deus queria que Adão se unisse a Ele. Adão teria que ser transfigurado. Mas este caminho foi interrompido. Ora, esta interrupção o levou à corrupção e à morte. Adão se desfigurou. Deus Pai nos envia seu Filho, o Cristo, para redimir a humanidade. Devemos nos transfigurar com Ele. A transfiguração não deve fascinar, mas iluminar. Deus valoriza nosso corpo. Cristo se encarnou. Se fez humano como a nós. Ele glorificou nosso corpo ao ressuscitar. Seu ato de entrega, morrendo por nós e, posteriormente, ressuscitando, dá continuidade ao que foi interrompido em Adão, quando Deus nos criou portadores da sua perfeição. Já Narciso, morreu de feio.

E sabendo disso, quando o nosso Pequeno Príncipe se encontra com o vaidoso, nada mais trouxe do que uma grande diversão! O vaidoso, tão mergulhado em seu ego, não percebia que suas atitudes eram nada mais que ridículas, levando ao riso o nosso principezinho.

Enquanto vivemos em busca do aplauso, de aprovação, será que não parecemos assim aos outros?

XII

Chamados à vitória

É cada vez mais frequente nos depararmos com pessoas que perderam o sentido da vida e se refugiam na bebida e nas drogas. Se desviam e caem num abismo cruel e terrível. Alguns tem até consciência de que sozinhos não conseguem superar sua situação de miséria, mas sentem vergonha de pedir ajuda.

O vinho pode alegrar o coração, mas seu excesso pode levar à ruína. A sabedoria beneditina imprimiu na Regra até a medida da comida e da bebida (RB XXXIX e XL). Beber com moderação não é aforisma introduzido pelas propagandas de cervejas, na atualidade. O vinho faz apostatar até os sábios. São Bento compreendeu que cada qual recebe de Deus o seu dom especial: um de um modo e outro de outro. No mosteiro, os monges devem guardar a sobriedade, pois nada mais oposto ao cristão que o excesso na comida e na bebida.

Muitos caem no vício por não possuírem amigos que os façam enxergar a verdade. Parece tarde quando a situação se torna insuportável. Parece que está tudo perdido. Nos isolamos, caímos na tristeza e pode-se até chegar à conclusão de que tudo acabou.

Esta tristeza também abateu nosso principezinho enquanto pensava na estranheza dos adultos que, mesmo ao sentirem vergonha diante de uma situação em que se encontram, nada fazem para modificar-se, mergulhando ainda mais em sua mísera condição.

No entanto, os monges são convidados a serem vencedores. Todos os homens e mulheres são chamados a serem vencedores de um mundo perturbado e doente. "No mundo, tereis tribulações, mas tende coragem: eu venci o mundo!" (Jo 16, 33).

XIII

A UTILIDADE DAS COISAS

Há muitas pessoas que estão bastante preocupadas com números, ações, negócios e outras especulações financeiras. O turbilhão do mercado produz um produto que é pouco ou nunca falado: o homem máquina. Produzido em grande escala em todo o mundo, sua função é trabalhar e trabalhar para possuir e possuir. Seu bordão é de que são pessoas sérias e suas ações tem grande impacto internacional, o que de fato, é verdade.

O nosso principezinho, ao deparar-se com números e mais números, no planeta do empresário, pergunta-se: "Qual a utilidade de tudo isso?

Todos somos, em grande ou pequena escala, administradores. A princípio, somos administradores de nossa própria vida. Segundo, administramos bens temporais para a boa convivência, para o conforto comum e particular; terceiro, administramos a palavra. Tudo o que falamos tem peso: uma bênção ou maldição implica símbolos que trarão consequências nas relações inter e intrapessoais. No entanto, a correria dos homens "sérios" faz que nos esqueçamos desta grande dádiva. O próprio Cristo nos explica, na parábola do semeador, que: "O que foi semeado entre os espinhos é aquele que ouve a Palavra, mas os cuidados do mundo e a sedução da riqueza sufocam a Palavra e ela se torna infrutífera." (Mt 13, 22).

Muitas vezes, achamos que possuímos algo, porém, isso não é verdade. Só possuímos, e apenas em nossos corações, aquilo com o que nos importamos, estando aqui o sentimento de posse relacionado, íntima e unicamente, ao ato de cuidar, de ser útil a algo ou a alguém, em vez de achar que se é dono apenas para se fazer mais números. Portanto, não é uma utilidade relacionada ao uso que consome, e que depois jogamos fora, descartamos, mas, sim, de engrandecimento próprio ou do outro.

São Bento instrui que "Seja escolhido para Celeireiro – ecônomo – do mosteiro, dentre os membros da comunidade, um irmão sábio, maduro de caráter, sóbrio, que não coma muito, não seja orgulhoso, nem turbulento, nem injuriador, nem tardo, nem pródigo, mas temente a Deus; que seja como um pai para toda a comunidade." (RB XXXI). Ele é um líder. Como um celeireiro monástico, todos devemos e precisamos possuir suas características. Devemos, em suma, ser humildes.

Assim, devemos estar atentos, pois a quem muito é dado, não é cobrado pouco. Ter zelo, um senso de economia, não se perder em meio a coisinhas douradas que brilham e que se veem, por vezes, no céu, fazendo-nos esquecer até de chamá-las de estrelas, pois estamos muito preocupados nos esquecendo de viver e de sonhar. Muitos podem ver constelações inteiras de simples brilhos artificiais, mas não são estrelas. Eles esquecem que há riquezas invisíveis, que há um lugar onde os bens não são perecíveis. Somos destinados ao absoluto.

XIV

O DOM DO TRABALHO

A Regra Beneditina, assim como os demais códigos de conduta, são guias que nos ajudam a trilhar determinado caminho. Tratam-se de luz que orientam nosso modus vivendi. Pode ocorrer de cairmos no legalismo, cobrando uns dos outros o cumprimento literal das leis a que estamos sujeitos a cumprir. Trata-se da norma. E norma é norma. Temos que fazer, senão perde o sentido. Regra vem do latim, REGULA, ou seja, aquilo que regula nosso comportamento em determinado grupo. Na vida beneditina ela deve permear toda a vida do monge. Ela é lida e meditada REGULARMENTE. Aos candidatos à vida monástica é apresentado este modo de viver (RB LVII). O noviço, no ato da profissão monástica, professa a conversação dos costumes – adaptação cotidiana até a morte no mosteiro. Trata-se de um esforço diário, sempre sujeito a tropeços e quedas. Mas toda a comunidade dos monges deve se ajudar para que todos venham a alcançar o bem supremo.

O cumprimento da regra se faz com esforço. O dia no mosteiro é dividido entre momentos de oração e trabalho. Trabalho é palavra chave aqui, uma vez que “a ociosidade é inimiga da alma” (RB XLVIII). Não há trabalho específico para o monge. Sua atividade é bem variada, mas sempre com sentido edificador e com utilidade para todo o mosteiro. Desta maneira, cada monge exercendo sua atividade formará uma grande e harmoniosa orquestra, executando as mais belas peças sob a regência de um mestre.

E nosso príncipe reflete sobre a importância do trabalho ao encontrar o lanterneiro, reforçando o que observamos no capítulo anterior. Este, ao acender e apagar o lampião, está fazendo algo útil, que não é voltado para si, unicamente, e sim para o bem estar do planeta. O lanterneiro, ao trabalhar, tem uma dignidade, diferente daqueles que havia encontrado até então.

São Bento nos exorta a que fiquemos atentos ao trabalho. O lema ora et labora nos leva a pensar sobre esta importância e exerce uma diferença intrínseca em nossas vidas de seres humanos, que não estamos apenas no mundo para usufruir ou se deleitar com aquilo que encontramos, mas produzir trabalhos que sejam úteis para o aprimoramento deste mundo.

Ouvimos dizer, com frequência, que o trabalho dignifica o homem, mas muitos se esquecem de que para se exercer bem sua atividade, ter bom proveito, produzir bem e melhor, é necessário muita disposição, e esta implica um bom e santo descanso. Deste modo, todos estarão sempre prontos (RB XXII).

XV

Conhecimento e sabedoria

O estudo faz parte da formação monástica, mas não apenas para os iniciantes a este modo de vida. Durante todo o tempo, o estudo é algo essencial. É por meio da pesquisa que poderemos conhecer, e o conhecimento é um dom. São Bento determina que os monges devem receber um livro da biblioteca e os ler por inteiro e em ordem (RB XLVIII). Claro que o monge deve se ocupar, em primeiro lugar, das coisas de Deus. Isto não quer dizer que ele deva ignorar outros assuntos. Deste modo, pode se estudar a criação e o que a envolve, o comportamento das coisas e a vida humana. Adquirindo experiência, o homem viverá os estágios ascendentes até a sabedoria. Mas, tenhamos cuidado para não cairmos na soberba. O conhecimento também pode nos conduzir à ruína. O apóstolo Paulo nos orienta contra este mal: "...o mundo por meio da sabedoria não reconheceu a Deus." (I Cor 1, 21).

Recebemos uma sublime sabedoria: Cristo! Somos chamados a segui-lo como santos exploradores. Devemos ser como exploradores. Com nossa experiência de vida, poderemos transmitir aos demais o fruto de tal sabedoria. O explorador não deve ser confundido com um giróvago, espécie de monge nunca estável num mosteiro, sempre percorrendo os lugares, além de possuir conduta lamentável (RB I). O explorador é aquele que busca conhecer. O monge é um explorador das coisas do céu que faz alimentar sua alma sedenta de Deus. Ele descreve aos que também buscam o divino o que encontram e como devem agir para ir mais longe, ao ainda inexplorado por cada um de nós mesmos. O monge quer e deve transmitir esta via, pois o sagrado não é efêmero. Mesmo aqueles que nunca exploram sabem da existência de algo. Podem até escrever sobre o que lhe foi transmitido. Podem, também, dar sugestões e exemplos sobre lugares, hábitos e costumes, pois todos somos exploradores em potencial.

A permanência do geógrafo em sua escrivaninha, recolhendo os depoimentos trazidos pelos exploradores a fim de construir uma história, faz-nos lembrar da vida monástica, principalmente dos monges mais antigos, que raramente saem. Muitos destes esperam que os leigos que frequentam os mosteiros tragam experiências de suas vidas para que possam construir uma história de onde habitam. Estes leigos agem como se fossem os exploradores contando as experiências de suas vidas, de sua comunidade, de modo a obter uma maior compreensão desta.

XVI

Nosso planeta, nossa casa comum

A Terra, em comparação a milhares de tantos outros corpos celestes, pode parecer minúscula, mas sua importância não diz respeito apenas à sua dimensão física. A Terra tem vida, ela respira. Isto não quer dizer que não haja vida em outro lugar. Trata-se de mais um mistério de Deus.

E o principezinho chega ao nosso planeta, a Terra. O último planeta visitado desde que deixou o seu. A Terra, nossa casa em comum, é o sétimo planeta visitado por ele. O número sete, tradicionalmente, representa perfeição. Para tal, basta lembrar da criação do mundo em sete dias. Ora, a terra é bem maior que os planetas anteriores explorados pelo principezinho, e devido às suas dimensões, bem mais povoado. A grandeza da Terra o espanta, bem como a quantidade dos habitantes que nela se encontram. O nosso autor nos faz pensar como em nosso planeta habitam os mesmos seres de cada um dos planetas visitados pelo Pequeno Príncipe, só que multiplicados aos mil, milhões. Será que somos um deles com nossa necessidade de poder, vaidade e, quem sabe, até de embriaguez?

Cada um de seus habitantes exerce uma função de centenas de "reinos". Cada um em cada um destes reinos tem o dever, a responsabilidade de preservar o planeta. Deus criou o homem à sua imagem e semelhança. Este ser tão belo recebeu o dom da razão, diferente das demais criaturas, tornando-se superior em relação a elas. Mas, ao esquecer-se desta dádiva entramos em colapso e nos entregamos às mãos da morte. Ser homem é ser responsável. Responsável por si, pelo outro, pela criação.

No relato da criação, o autor nos informa que "No princípio, Deus Criou o céu e a terra. Ora, a terra estava vazia e vaga, as trevas cobriam o abismo, e um sopro – espírito – de Deus agitava a superfície das águas. [...] Deus disse: 'Que a terra verdeje de verdura.'...e Deus viu que era bom." (Gn 1, 1; 11). O existir da criação é um louvor a Deus. Seu propósito é o louvor ao criador.

Neste mundo vasto, belo, e cheio de reinos, há o povo de Deus. Este peregrina sem cessar, pois sabe que não pertence a este mundo. Sua pátria é celeste. Enquanto que na terra, os reis e os povos estão sujeitos ao pecado e sua justiça é falha, no reino que para todos Deus preparou, há a paz, a justiça e o amor.

O monge é consciente desta realidade. Por isso, sua ascese cotidiana é acompanhada dos instrumentos de boas obras. São Bento recomenda que o monge deve sempre ter a morte diante dos olhos, pois anseia pelo encontro com Deus (RB IV). Ele também nos fala do Zelo Bom (RB LXXII) e de como estas atitudes sugeridas por ele podem contribuir para que nosso planeta possa ser cuidado, assim como nós que nele habitamos.

Outra reflexão se faz presente quando o principezinho comenta sobre o trabalho dos lanterneiros, que trabalham de acordo com a necessidade de cada lugar que habitam, sem que o exagero tome conta criando desnecessidades.

XVII

O DESERTO

Como bem vimos, a noção de deserto é ambivalente, podendo representar tanto o bem quanto o mal. Sendo o lugar da luta, o deserto representa para o monge sua própria cela. O pequeno príncipe até indaga que nos sentimos sozinhos no deserto. Novamente trazendo este tema da solidão, tão presente em nossas vidas, seja no deserto, seja em meio às multidões, o autor nos leva a refletir sobre nossa condição. São Bento sabe da importância e dos perigos que este sentimento pode nos trazer. Temos medo de ficar sozinhos. Trata-se de uma luta constante, a fim de se viver a almejada vida angélica. O deserto é uma ascese. Deve-se ter cuidado com o sentido da palavra "cela" que do latim quer dizer, simplesmente, "pequeno quarto". Hoje, o termo "cela" está muito vinculado à cadeia, à prisão. Na cela monástica, local de ascese espiritual, o monge pode, em silêncio, meditar. Este exercício o desperta e o faz crescer. Os primeiros monges no deserto do Egito, como os anacoretas, viviam em celas que deviam parecer uma prisão, já que agradava aos egípcios viver ao ar livre. Porém, o monge na cela é o *Cristo Preso*. Ao contrário do prisioneiro que é preso contra a vontade, o monge se encontra na cela para encontrar Cristo. Assim, o monge está livre para alcançar o seu objetivo: a união com Deus.

Curiosamente, o primeiro ser que o principezinho encontra na terra é a serpente. O deserto é o lugar onde habitam os animais selvagens (hienas, chacais, serpentes...). Para os primeiros monges, os demônios vão se confundir com tais animais. A sabedoria popular proclamou São Bento como exemplo eficaz de exorcista e o identificou como o santo protetor contra serpentes e outros animais peçonhentos, compondo orações e jaculatórias muito simples mas repletas de significado: "de todo bicho peçonhento, livrai-nos São Bento". No caso do garotinho louro no deserto, ao estar numa localidade inabitada, como se não existisse uma viva alma no planeta, faz-nos lembrar o episódio do Gênesis. Ora, segundo o relato, a serpente era o mais astuto dos animais da terra. Ela é mero instrumento do diabo, símbolo de morte (Gn 3, 1). Ela, ao se apresentar, diz que tem poder e diz que aquele a quem tocar pode enviar de volta para a terra de onde veio, nos dando a promessa de uma vida diferente, transformada, se nos deixarmos por ela ser picados. O menino louro entende o método do tentador animal, o qual, como no Gênesis, se utiliza de enigmas em seu diálogo.

Resistir à eterna tentação. São Pedro nos exorta a estarmos atentos sempre (1 Pd 5,8). Assim, não devemos nos deixar distrair, não deixemos o peso salutar e necessário da solidão, do estar só consigo mesmo, para não cair no aborrecimento, no que os antigos monges chamavam de acédia.

A cela ensina tudo, pois é aí que ocorrerá o confronto consigo mesmo. Devemos estar atentos para não transformar nossas celas em extensão do mundo, por isso, é preciso zelar pelo despojamento. A cela deverá estar vazia das coisas deste mundo, pois se deixamos o mundo, não devemos reconstituí-lo na cela.

E no nosso dia-a-dia, ficar só, por alguns momentos, sejamos monges ou leigos, nos possibilita um encontro com o nosso ser mais íntimo e também com Aquele que, por meio deste silêncio, nos fala. Este silêncio abre nossos ouvidos para escutá-lo e também para aprendermos a conviver com os outros seres humanos que estão aqui na Terra, não sem a dificuldade habitual de nos relacionarmos com alguém, por vezes, tão diferente de nós mesmos.

Agindo assim poderemos vencer a tentação do mal pelo amor e pelo bom zelo que se deve ter. A prática das boas obras como a obediência, a paciência constituem este bom zelo. Esta prática ajuda a conduzir ao céu, pois, ao exercê-la, afirma-se que "nada absolutamente anteponham a Cristo!" (RB LXXII).

XVIII

O SENTIDO DA PEREGRINAÇÃO

O homem não tem raizes. Sua condição é peregrinar. A sagrada escritura nos legou passagem celebre sobre tal condição: "Iahweh disse a Abrão: 'Sai da tua terra, da tua parentela e da casa de teu pai, para a terra que te mostrarei.'" (Gn 12, 1) Seus descendentes vagueiam pelo deserto em busca da terra prometida por quarenta anos e a História do povo de Israel é a eterna luta contra o jugo da escravidão. Quando da queda e destruição do Templo de Jerusalém, em 90 d. C, ocorre a diáspora judaica. Diferentemente dos judeus, que apesar de estarem em diversos lugares, mas sempre com o intuito do retorno à sua terra prometida, os cristãos não têm uma pátria, ou melhor tem, mas esta não é terrena. O cristão deve ser peregrino do absoluto.

A peregrinação deve ser considerada um símbolo de vida. A mobilidade humana existe em todos os povos. Por que nos movemos? Por que não ficamos no mesmo lugar? Esta movimentação está em nossa essência, pois também Cristo peregrinou. Ele nunca esteve apenas no mesmo lugar. Os cristãos também. Tal grupo religioso se expandiu por todo o Mediterrâneo, pelas regiões onde o Império Romano se encontrava e, posteriormente, por todo o mundo. Os monges tiveram papel preponderante neste processo, durante a Idade Média. Figuras como São Columbano e São Bonifácio são grandes expoentes desta condição de caminhantes, propagadores da fé.

Outra característica do caminhante é a consciência da

insatisfação com a condição presente, o que o faz desejoso da condição futura, desejoso de um "novo céu e uma nova terra", desejoso de Deus.

O monge beneditino faz votos de estabilidade. Esta deve ser entendida como uma estabilidade num bem, em Cristo. Quando o monge professa tal voto, ele está fundado, seguro à rocha, seguro à Cristo. Ele é também um eterno peregrino espiritual. Apesar desta condição, alguns podem confundir e abusar da situação, não querendo trabalhar ou agir com caridade para com o próximo, achando que tudo cai do céu. São Bento notou este mal e nomeou os monges que vagueiam de mosteiro em mosteiro, por diversos lugares, com intuitos perversos, de giróvagos (RB I).

Saint-Exupéry apresenta uma criança a caminhar, a peregrinar em busca de algo maior, em busca de respostas para suas angústias. O principezinho continua sua busca pelos outros seres humanos. O outro pode ser a resposta; no caminho, encontra uma flor muito diferente daquela sua. Possuía apenas três pétalas e refletia sobre a inconstância e a impermanência dos seres humanos na Terra. E nos faz pensar sobre o nosso lugar e nossa condição de peregrinos neste mundo.

XIX

Silenciar o coração

No deserto, o Pequeno Príncipe não encontra nenhum ser humano. Na procura por alguém, nosso bradar pode nos incomodar. Ecos de nós mesmos representam a busca interior. E esta repetição, a princípio sem sentido, pode nos levar à perturbação. Há vozes em nossas cabeças que não param de nos falar a todo momento, fazendo-nos desviar do equilíbrio e da unidade. É necessário, portanto, domar estes pensamentos, senão, chegaremos à loucura.

Estar só é um desafio. São Bento nos orienta quanto a este momento íntimo tão importante. O monge deve preservar o espírito de silêncio a fim de zelar pela intimidade espiritual de todos os irmãos. O mosteiro deve ser um lugar propício à oração, ao encontro pessoal com Deus. Esta não deve ser exaustiva nem repleta de palavras ao vento como que uma conferência enfadonha. Não é pela multiplicidade de palavras que seremos atendidos, e sim pela pureza do coração (RB XX). Há a necessidade da reverência para com Deus na oração (RB LII). A oração pessoal constitui-se no encontro entre Deus e nós. Trata-se da aliança e da comunhão que se renova neste diálogo. É um diálogo, não um monólogo. Deus nos fala ao coração. Ele nos acalma. Não são vozes que nos perturbam como ecos sem sentido que nos tiram do equilíbrio e da paz. É um estado de tranquilidade, pois é fruto da fé.

Os exercícios espirituais são de extrema importância, uma

vez que a espiritualidade nos chama à perfeição e à santidade.

A comparação que o Pequeno Príncipe faz da Terra com seu planeta amado, sua casa, o deixa intrigado, achando este planeta engraçado e sem imaginação.

Ainda sua busca continua...

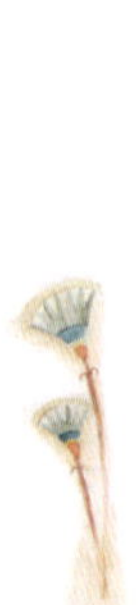

XX

A relação com o outro

Às vezes, fazemos confusão com nossos próprios pensamentos. As imagens podem gerar equívocos. A diversidade pode nos afastar do uno. O mal é uma força misteriosa. Ele destrói relações, pois afasta de Deus.

O Espírito Santo é o sopro vivificante de Deus. Participamos deste *Dom* da presença constante de Deus (Ef 4,16).

A princípio, no processo de conversão, podemos não entender bem o que está acontecendo e, muitas vezes, cair em lágrimas. Participamos da vida divina. Há uma dinâmica santificação. O Espírito Santo conduz e indica o caminho a seguir. Este caminho vai em direção ao homem, a alteridade que nos leva a Deus. Nossa relação com o outro é relação com Deus. É um caminho de iluminação. É a compreensão da presença de Deus no outro.

Repete-se constante e exaustivamente – o que leva à banalização – as palavras de João de que "Deus é amor" (1° Jo 4, 8). De fato! Este é o ensinamento: Deus é amor! Se temos Deus no coração, temos amor no coração. Então, o próprio Deus insere em nós a capacidade de amar. Amar é uma virtude e, por isso, meio para a santidade. Se praticamos o bem, nos assemelhamos a Deus. Somos semelhantes àquilo que praticamos. Quanto mais próximos de Deus, mais próximos estaremos dos homens.

Salvação e santidade acontecem quando conseguimos

vencer o mal. Muitos se esquecem de que estamos em processo de criação. Portanto, estamos "sendo". Temos a possibilidade de progredir ou regredir. Ora, sem Deus não há progresso. Adão pecou justamente por isso, por achar que não precisava de Deus.

O mosteiro é o lugar da necessidade. Temos necessidade do outro e de Deus para sermos semelhantes a Deus. No mosteiro poderemos exercitar as virtudes do bem em comunidade. É o local em que os monges possam ser reconduzidos a Deus. A comunidade monástica não deve ser um grupo disperso, mas uma sociedade visível e espiritual. A comunidade é imagem da Trindade, do amor que se faz presente na relação mútua. Nós formamos um corpo, assistidos pelo Espírito Santo, do qual Cristo é a cabeça, Deus encarnado no meio de nós (Col 1, 18).

Em nossa vida cotidiana extra muros, fora do mosteiro, seria muito saudável se tivéssemos a consciência de saber que toda e qualquer relação pode ser muito mais intensa se optássemos por agir desta maneira também, adaptando tudo isto ao mundo hodierno.

Assim como o principezinho sente sua pequenez diante de todas as rosas que encontra na estrada que leva aos seres humanos, nós aqui também podemos lembrar dessa nossa condição, que pode trazer para nossa vida um sentimento de humildade e de igualdade com todas as milhões de pessoas no mundo, mesmo cada uma sendo especial e única, embora todos sejamos semelhantes. Isto pode causar mal-estar aos que acham que todas as pessoas são iguais e devem ser tratadas da mesma forma. "... cada um recebe de Deus o seu dom particular; um, deste modo; outro, daquele modo." (1° Cor 7, 7). Assim, no mosteiro, deve-se levar em conta a diferença de cada um, sendo os monges tratados conforme a justiça (RB XXXXI), a fim de que ninguém se entristeça na casa de Deus (RB XXXI).

XXI

Criar laços

Na direção espiritual, nós esperamos que os (as) orientandos (as) venham a contar um pouco de suas vidas. Em qualquer que seja o serviço da escuta, temos necessidade de saber a história das pessoas. Queremos saber as causas que as levaram até ali. Numa conversa que julgamos simples, podemos encontrar respostas para nossas dúvidas e nossos anseios. Uma boa conversa pode tranquilizar nosso coração e orientar o caminho para uma vida interior santa e saudável. Isto se dá porque se criaram laços. Só conhecemos aquilo que cativamos. Nos afeiçoamos às pessoas e tentamos ajudá-las, seja com palavras de conforto ou repreenda, com o olhar da acolhida ou com a simples escuta. Há uma troca nesta relação em que a fala transborda os sentimentos.

Amar é dar espaço vital. É deixar que o outro seja plenamente o que ele é.

Os Santos Padres do deserto compreendiam muito bem esta realidade. Sabiam da importância da orientação espiritual. Palavras de vida, de virtudes transformam. Por isso, às vezes, é melhor o silêncio, pois este faz a alma refletir. O silêncio vale mais do que a palavra. A palavra sem vida não vale nada.

A orientação espiritual deve ser entendida pela preocupação na edificação dos irmãos. É o encontro com Deus por meio da escuta, de palavras e imagens. A misericórdia é um dos nomes de Deus. É a Ele que se deve guiar. No entanto, também nos deparamos com a compaixão. Um olhar no outro, sentir a dor do outro, junto com ele. Esta compaixão se nutre da consciência de que somos pecadores.

Neste encontro dá-se claramente o senso de responsabilidade. Ora, ser humano é ser responsável. A responsabilidade torna o ser humano capaz de sacrifícios, de renúncia. Eis uma palavra que causa desconforto a muitos quando a ouvem: renúncia. Esta não significa nem amputação nem resistência, mas entrega total a um bem maior. Quando se renuncia a inúmeras possibilidades, busca-se uma vida autêntica e única com Deus.

Os jovens que buscam os mosteiros entendem como se faz a orientação. Eles marcam e, como que um ritual preestabelecido pelo orientador, seguem a conversa. Mais uma vez, nos deparamos com o termo ritual. O ritual está presente em toda a vida humana, todos os dias. Também a vida de Cristo está pautada por momentos rituais. Basta lembrar a última ceia, colóquio em que Ele revela o que virá a acontecer-lhe (Lc 22, 1-38). O rito faz os dias serem diferentes. Neste ritual, em que se conhece verdadeiramente o outro, compreendemos quando Cristo nos convida ao amor. Ele mesmo se entrega por amor. Com isso, nos deixa o que Ele mesmo chama de novo mandamento. "Ninguém tem maior amor do que aquele que dá a vida por seus amigos" (Jo 15, 13), e ainda: "Nisto conhecemos o amor: ele deu sua vida por nós. E nós também devemos dar nossa vida pelos irmãos." (1° Jo 3, 16). "Dou-vos um mandamento novo: que vos ameis uns aos outros. Como eu vos amei, amai-vos uns aos outros." (Jo 13, 34) Assim, Ele mesmo nos ensinou que há uma invisível riqueza. Ora, o essencial é invisível aos olhos. Só o amor nos ensina onde haveremos de chegar.

Mas o cativar, uma das atitudes que faz com que a vida valha a pena, e que faz parte de nossa natureza humana, tornou-se esquecido nesse tempo em que vivemos. E, se nos esquecemos de nossa essência, que traz o cuidado como fonte principal para nos relacionarmos com o mundo, deixamos que uma vida que tenha um bom significado não aconteça. E assim, não podemos cultivar nem amigos, nem acontecimentos relevantes que podem transformar a nós e àqueles com quem nos relacionamos.

São Bento nos fala do cuidado que devemos ter com tudo aquilo que nos circunda. Este cuidado, que tem sido deixado de lado pela correria, pela falta de concentração e atenção, nos tem feito viver num momento de imediatismo e consumismo exacerbado.

XXII

Coragem

Muitas vezes, nossa vida parece estar num pátio de manobras. Como que num vai e vem, estamos perdidos em meio à multidão. Todos nesta multidão também parecem estar perdidos. Para que possamos nos encontrar é necessário o exercício da humildade. Progressivamente, poderemos vencer nossas limitações e subir ao cume onde reina o Senhor dos senhores.

A Regra de São Bento nos apresenta um capítulo muito peculiar sobre a humildade (RB VII). Esta é apresentada como uma via ascendente em degraus, lembrando a escada de Jacó (Gn 28, 12). Ao subir os doze degraus da humildade, chega-se à caridade de Deus. Esta subida é um exercício diário durante toda a vida através do autoconhecimento. Trata-se de um exercício de purificação, que com a ajuda da *Graça* e do *Amor* de Deus poderemos exercer. Fujamos do esquecimento e lembremos sempre de tudo o que Deus nos tem ordenado. Eis o primeiro degrau da humildade.

Para tanto, é preciso coragem! Força e coragem para reconhecer-se pequeno e querer ser pequeno para ser grande. O processo de conversão é sempre um caminho novo a cada dia. Nesta caminhada, a fé é o fundamento da justiça. Há muitas coisas atraentes, mas não belas. Apenas se apresentam com uma veste meio bela, mas trata-se de uma beleza artificial, uma falsa beleza.

E nosso autor, mais uma vez, nos traz uma reflexão sobre

o nosso espírito de criança. O quanto deixamos cair no esquecimento alegrias que poderiam ser percebidas nas mínimas coisas se prestássemos um pouco mais de atenção ao que se passa ao nosso lado. Por vezes, para alguns de nós, a vida passa como um trem descarrilado, sem que se possa tomar um rumo novamente.

Precisamos "perder tempo"com as boas e pequenas coisas!

XXIII

O MOSTEIRO, UM OÁSIS

É comum, nos dias de hoje, escutar reclamações sobre a escassez de tempo. Nós também estamos embarcados nesta realidade. A correria do mundo moderno nos colocou diante de afazeres desnecessários. Damos importância a coisas que não precisamos. Criou-se a espiritualidade do útil. Tudo tem que ter uma utilidade. Isso nos levou a um estilo de vida robótico, a uma necessidade dos instrumentos eletrônicos, quando, na verdade, estes deveriam estar ao nosso serviço. Estamos dominados por objetos que nós mesmos criamos e nos esquecemos de nossa vida interior. Mas há tantos templos? Sim, mas falta espiritualidade também neles. Para o hoje "tudo tem que ter utilidade". Um veneno para nossas vidas. Apesar de termos tantos templos, deve-se lembrar que também hoje temos muitas pessoas doentes e mais dependentes de tantos remédios, sejam químicos ou não. Há diversas pequenas pílulas de felicidade sendo vendidas pelos meios de comunicação, pelas empresas e religiões. Estas pílulas se resumem em slogans sempre gritantes de sucesso e realização profissional. Muitos só pensam em trabalho.

O estilo de vida monástico, apesar de tantas coisas que o mundo oferece, sempre tem atraído os jovens. Muitos procuram o mosteiro em busca de um oásis de tranquilidade, onde se preparam para uma vida santa e coerente. Insatisfeitos com a correria do mundo, acreditam que a vida monástica possa ajudá-los a ter um encontro com Deus por meios de exercícios espirituais e do silêncio. O rítmo do mosteiro é outro. Ele nos ajuda no equilíbrio pessoal e comunitário.

Mas não só aqueles que pretendem se dedicar a uma vida monástica que o procuram. Também aqueles que têm sua vida no mundo do trabalho, da familia, da vida agitada, também podem encontrar momentos de refrigério, de carinho, encontrando uma maior paz interior, quando se dispõem a participar, de alguma maneira, da espiritualidade que emana dos mosteiros.

O dia a dia no mosteiro beneditino é perpassado pelos momentos de oração e trabalho – ora et labora – sempre orientado pelos 73 capítulos da Regra de São Bento ou Regra Beneditina. O mosteiro deve ser entendido como um complexo do *SERVIÇO* de mestres espirituais, oficina em que se molda a alma mediante o exercício das boas obras (RB IV, LXXVIII). Nele encontramos a clausura, um espaço físico interno com claustro, jardins, celas e oficinas – em que os monges possam exercer seu ofício sem precisar sair do mosteiro. Neste local o desafio do silêncio é permanente, principalmente se o mosteiro estiver localizado num ambiente urbano. Além disso, o mosteiro não deve ser entendido como um local isolado, mas que possa ter um diálogo com a cidade e com o povo que nesta habita, sempre com sede de respostas, em busca de palavras espirituais.

Os mosteiros, portanto, têm sido locais de experiência espiritual para homens e mulheres, sejam estes religiosos ou não. Todos estão em busca do mistério. Os séculos comprovam que, realmente, o ambiente monástico é apropriado para a realização de todos que o procuram como uma fonte para encontrar a Deus.

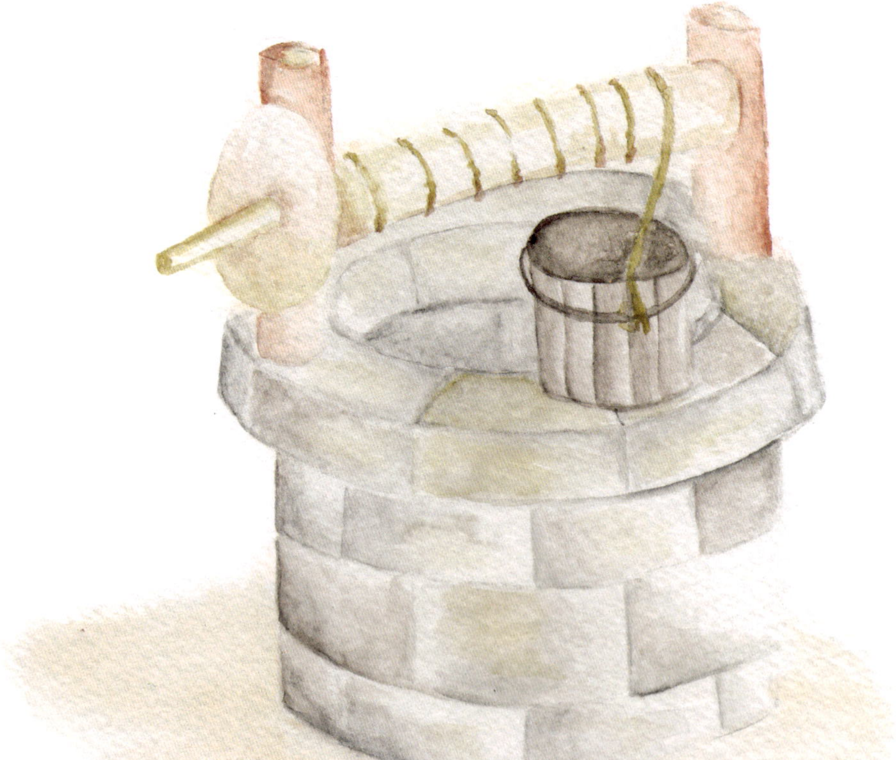

XXIV

Um poço

A vida é uma caminhada longa. Muitas vezes, nesta fabulosa jornada, parece que estamos em meio ao deserto. Faz calor, nos sentimos sozinhos e estamos com sede. Precisamos nos reabastecer, precisamos de uma fonte que possa nos lavar, saciar nossa sede.

A fonte ou o poço estão presentes em muitas passagens da Sagrada Escritura. A escrava Agar, mesmo diante de um deserto, vendo seu filho à beira da morte, acreditou em Deus e clamou. Quando tudo parecia perdido, "Deus abriu os olhos de Agar e ela enxergou um poço." (Gn 21, 19).

Também o povo de Deus, liderado por Moisés, na caminhada pelo deserto, teve sede e Deus os atendeu fazendo que saíssem águas de uma rocha como uma fonte (Nm 20, 1-11). Já no Novo Testamento, encontramos Jesus a pedir água a uma mulher samaritana, diante de um poço, sendo Ele mesmo a água que tira nossa sede (Jo 4, 7-14).

O que tais leituras têm em comum é o sentido sagrado que a água representa. A água como fonte de vida e de renovação, que tudo limpa para que se possa ter um coração puro.

Existe uma sede fundamental no ser humano. Toda a economia da salvação, da nossa regeneração pelo Cristo tem por finalidade estancar, aplacar esta sede.

Na construção tradicional de um mosteiro, bem no centro da edificação, há um jardim ladeado por galerias em arcos, tendo, geralmente ao centro, um poço ou uma fonte. A esta estrutura arquitetônica dá-se o nome de *Claustro*. Todo o mosteiro é construído em volta do claustro, de modo que os monges são obrigados a passar por ele seja para onde queiram ir. Assim, o claustro é o *Centro* do mosteiro. Seja qual for o objeto que esteja no centro do claustro – poço ou fonte –, este possui a forma circular, lembrando a perfeição e, portanto, vinculada à divindade. Diante disso, o centro do mosteiro é *Cristo*, a *Fonte de Água Viva* (fons vitae), o *Poço*, que contém a *Água* que sacia verdadeiramente nossa sede. O jardim faz referência ao paraíso do Gênesis e ao estado original do homem que após cometer o pecado foi expulso e, posteriormente, devolvido por Cristo ao vencer a morte. Deste modo, é possível encontrar em alguns mosteiros, nas galerias do claustro, o cemitério monástico, lembrando o retorno do homem a Deus.

Por se tratar de um ambiente de paz, o local é propício aos momentos de oração silenciosa, assim como à leitura espiritual. Também possui outra funcionalidade: a comunidade monástica aí se reúne em statio para as procissões das celebrações solenes, como que uma caminhada do pecado à perfeição da caridade.

A beleza do mosteiro é saber que nele há um jardim com um poço onde podemos repousar.

E todos aqueles que dele se aproximam, sentem sua vidas transformadas em elementos de paz e de frescor.

XXV

CONFIANÇA

Com todo o aparato da cultura ocidental a que somos apresentados, é comum imaginarmos como seria o paraíso, não o perdido na era do Gênesis, mas ao que estamos a caminhar: a Jerusalém celeste!

O salmista se expressa em poema para afirmar que "Fundada sobre as montanhas sagradas, Iahweh ama as portas de Sião mais que todas as moradas de Jacó." (Sl 86, 1). No mesmo poema, ao louvar a cidade do Senhor, todas as nações a admiram, veneram. Ali reconhecem a presença e soberania de Deus. Todos que para aí são destinados cantam, se alegram e dançam: "Tanto os príncipes, como os filhos, todos tem morada em ti." (Sl 86, 7). Reconhece-se, nesta passagem, um prenúncio da perfeição e grandiosidade da Jerusalém celeste, tendo como imagem a beleza da Jerusalém presente na Terra.

Os que confiam no Senhor e praticam seus ensinamentos são destinados a estar inscritos no livro em que se registram os cidadãos deste paraíso, que é a Jerusalém celeste. O Senhor nos ensina os caminhos a seguir. Esta é, portanto, a cidade dos eleitos, daqueles que seguem confiantes as veredas do Altíssimo. Nesta cidade, Deus "...enxugará toda lágrima dos seus olhos, pois nunca mais haverá morte, nem luto, nem clamor, e nem dor haverá mais." (Ap 21, 4). Todos que aí chegam se deparam com a magnificência, esplendor e soberania de Deus, o qual diz: "...e a quem tem sede eu darei gratuitamente da fonte de água vida." (Ap 21, 6).

Nas duas passagens, tanto a do Antigo Testamento quanto ao do Novo, é mencionada em Jerusalém a existência da *Fonte*. Deus é a presença que faz que, em nosso paraíso, possamos beber de sua água. "A fonte do jardim é poço de água viva que jorra, descendo do Líbano!" (Ct 4, 15). É presença restauradora que apazigua nosso coração.

Neste poço tudo está pronto, está à nossa disposição: o balde está atado à corda. A roldana, ao girar, emite sons agradáveis como que a cantar. O cantar do poço nos chama para que nos lavemos com sua água, um presente para o coração que, como em uma festa na alegria deste encontro, poderemos falar como o Pequeno Príncipe ou a mulher samaritana diante de Jesus: "Tenho sede desta água!".

É certo que aquilo que buscamos poderia ser encontrado em uma só rosa ou em um pouco de água, mas a cegueira humana, cultivada pela agitação, não nos deixa ver a beleza da simplicidade, das pequenas coisas. Isto só pode ser visto com o coração!

Jesus nos deixa uma promessa: a salvação! "Aquele que bebe desta água terá sede novamente; mas quem beber da água que eu lhe darei, nunca mais terá sede. Pois a água que eu lhe der tornar-se-á nele uma fonte de água jorrando para a vida eterna" (Jo 4, 13-14).

Mas, para chegarmos à fonte, ao poço é preciso renúncia, é preciso despedida. A amizade nos ensina que há sempre o momento do adeus. É quando reconhecemos que corremos o risco de chorar um pouco quando se deixa cativar. Aconteceu com Jesus e seus discípulos, acontece conosco, todos os dias. Mas sempre confiamos que junto a algum poço beberemos da água da vida, aproveitaremos de amizades vibrantes. Pois isto é a felicidade: simplesmente *Amar*.

XXVI

Como uma estrela

Todos os dias, acontecem coisas conosco que consideramos normais e, por isso, as consideramos sem grande importância. No entanto, se repararmos bem, tudo o que envolve estes pequeninos eventos diários podem se tornar extraordinários por serem presentes oferecidos por Deus aos seus amados filhos. Eis o mistério do amor. Não vemos a Deus, mas o sentimos. Sentimos sua presença confortante quando contemplamos a beleza da criação. Sabemos que Deus está em nosso meio quando recebemos o calor amoroso dos irmãos. Quando vemos gestos de caridade e misericórdia, sentimos a verdadeira presença de Deus. Tal mistério nos envolve por inteiro: *Deus Está Presente*. Neste sentido, vale citar São Bento quando este exorta os monges a reconhecerem a presença de Deus em toda parte, e em todo o momento, ele nos vê (RB IV, XLIX). Deus caminha conosco em direção à nossa verdadeira pátria. Temos um objetivo: Ir em direção a Deus com Ele a nos ajudar.

O tema da morte, na atualidade, tornou-se um tabu. Encontramo-nos num momento difícil, em que muitos "gurus" semeiam a contradição e a dúvida. A partida pode nos deixar desconfortáveis e, por isso, nos causar medo. Mas devemos "nunca desesperar da misericórdia de Deus" (RB IV, XLIV), e "n'Ele colocar toda a nossa esperança" (RB IV, XLI).

O conforto do mistério da partida nos é apresentado pelo próprio Cristo: "Agora, porém, vou para aquele que me enviou e nenhum de vós me pergunta: 'Para onde vais?' Mas porque vos disse isso, a tristeza encheu vossos corações. No entanto, eu vos digo a verdade: é de vosso interesse que eu parta, pois, se eu não for, o Paráclito não virá a vós. Mas se eu for, enviá-lo-ei a vós." (Jo 16, 5-7). Assim, Cristo lembra aos discípulos que Deus sempre estará presente. Então, pra quê tristeza? Também o principezinho consola o aviador "Darei a impressão de estar morto, mas não será verdade.". Cristo, prevendo sua *Paixão*, anuncia um breve retorno e consola seus discípulos mesmo antes de sua partida: "Também vós agora estais tristes; mas eu vos verei de novo e vosso coração se alegrará e ninguém vos tirará a vossa alegria." (Jo 16, 22). Após a ressurreição, os discípulos se alegrarão de novo. Estavam tristes, com medo e escondidos. Mas Cristo venceu a morte. Esta é a nossa motivação: reconhecer que esta vitória se estende a nós. Por isso, não devemos ter a morte, a partida como algo negativo. "Ter diariamente diante dos olhos a morte a surpreendê-lo" (RB 4, 47). Ela é apenas o portal para as almas que tem sede de Deus e por Ele anseiam. O reencontro será nossa alegria (Sl 41).

E assim, o nosso principezinho se despede deste mundo dizendo que "aquilo que é importante não se vê!"

Olhar as estrelas e pensar como se estivéssemos realmente vendo a quem amamos faz com que nossas vidas ganhem um significado diferente e profundo. Faz um sorriso brotar em nossos lábios e o leva direto ao nosso coração.

"Sim, as estrelas sempre me fazem rir." As estrelas nos dão de beber!

XXVII

O MISTÉRIO DA ALEGRIA

No terceiro dia depois da morte de Cristo, acontece um evento extraordinário para toda a terra, para a transformação de toda a humanidade. Muitos encontravam-se numa tristeza profunda, como se a história acabasse ali. A ressurreição é a prova de que estamos realmente salvos. Houve uma renovação da aliança de Deus para com o seu povo.

Aqueles que estavam tristes puderam dar o maior brado de *ALEGRIA*. Maria Madalena encontrou o sepulcro, onde se achava o corpo de Cristo, vazio. Imediatamente, ela se pôs a correr para avisar aos discípulos que seu senhor lá não estava mais (Jo 20, 1-2). Mais adiante, Jesus aparece a ela, que corre a avisar aos discípulos: "Vi o Senhor!" (Jo 20, 18).

Na primeira parte do relato, Maria Madalena estava perturbada por não ter encontrado Jesus no sepulcro. Também os dois discípulos, de início, se perturbaram, mas ao ver o local acreditaram. Eles se lembraram do que o Mestre lhes havia dito, de que ressuscitaria ao terceiro dia. Para eles, o "essencial é invisível aos olhos". Mas foi a Maria Madalena que Jesus ressuscitado se apresentou primeiro. Ela o reconheceu e anunciou o fato com grande alegria. Cristo sobe aos céus, mas não nos deixa sós. Após a ascensão, nos é enviada uma força vinda do alto. O anúncio se faz com tal força que nos impulsiona a ir adiante, com coragem e *ESPERANÇA*. Trata-se de anunciar a alegria de ser de Deus. De reconhecer seu amor misericordioso por nós. Esta alegria e misericórdia se traduzem em paz interior.

O monge deve ser testemunha desta alegria verdadeira. Ele, assim como todo o mosteiro, é receptáculo da esperança, do retorno salvífico de Deus. Por isso, este lugar de oração e de comprometimento com as coisas de Deus indica o caminho para o reencontro. E por que não também os leigos? O ser humano precisa redescobrir o caminho para a alegria, esperança e a fé. O mosteiro é local de atração, pois estes dons aí podem ser encontrados e vividos. Neste sentido, homens e mulheres se comprometem por toda a vida por votos religiosos, consagração ou oblação neste lugar de anúncio e vivência da esperança. São motivados pela *Regra* escrita por *São Bento*, o qual nos ensina que "nada absolutamente anteponham a Cristo!" (RB LXXII).

E, chegando ao fim de seu relato, Exupéry nos exorta a que procuremos sempre envolver nossas vidas em um mistério que dificilmente será compreendido pelas pessoas grandes. Para senti-lo é preciso que resgatemos nossa alma de crianças e nos perguntemos: "O carneiro terá ou não comido a flor? E verão como tudo fica diferente...".

Conclusão

Ficar mais perto do céu. Eis um objetivo comum que une São Bento, Antoine de Saint-Exupéry e o Pequeno Príncipe. É também o desejo de milhares de homens e mulheres que, no silêncio dramático de suas vidas, exercitam interiormente este voo noturno como que destinados a um planeta onde se encontra uma bela rosa que os aguarda. Para estes, o céu não tem limites. Ele é o absoluto encontrado dentro do coração e que os impulsiona a olhar para o outro e ver-se também neste. É Amor. Deus encontra-se presente nos seres criados, o que faz suscitar no interior dos seres humanos o amor natural a ele oferecido como dom. Há um movimento incessante que os faz retornar para Deus. Mas é necessário equilíbrio, atenção, paciência para se chegar a esta inesgotável e inefável fonte de amor.

A união a Deus é o fim primeiro para toda pessoa. Ele nos criou com a única finalidade de uma união de amor. Pode-se dizer que se trata da plenitude do ser humano. Portanto, temos vocação para amar.

Se precisamos retornar para Deus, é porque nos afastamos d'Ele um dia. O pecado e a tristeza nos afastam d'Ele. É preciso encontrar o caminho de volta, que já nos foi apresentado. Seu nome é Jesus. Ele mesmo se apresenta como o caminho. Ele se intitula como tal. Este caminho é vida. Ele não nos abandona. Envia-nos aquele que nos encaminha para Ele, o Espírito Santo.

Temos capacidade para amar. Somos vocacionados para amar. A vocação nasce do amor divino que do nada nos chama a SER. Deus nos chama a sermos plenos, unidos a Ele. O monge é um só com Deus. Todos nós devemos ser monges e monjas.

O manual para se chegar a esta união plena com Deus é a Sagrada Escritura, ou melhor, Ele mesmo, que se encarna como plenitude do ato criador. Seguindo seus ensinamentos, o veremos tal como Ele é. Os antigos decodificaram as palavras do Cristo e, ao seu modo, as interpretaram em orientações práticas, regras de vida, algumas existentes ainda hoje. A mais conhecida, a Regra Beneditina, tem orientado, há mais de 1.500 anos, milhares de pessoas a este retorno salvífico. Ela nos ensina a entrar em nosso íntimo a fim de superarmos a nós mesmos, como um processo de realização gradual, o progresso espiritual, a santificação.

Cristo, a Palavra, cria laços. São Bento, como seu seguidor, criou laços. Da mesma forma, Saint-Exupéry criou laços, pois viveram o amor. Aliás, criar laços, amar, deveria voltar a ser moda. Deveria ser ensinado em escolas. Parece exagero fazer esta denúncia, mas podemos nos perder em nossos egoísmos e introduzir em nosso meio a ideia perniciosa de que Deus, o amor, não existe, não passa de um mito.

Cristo, Ele mesmo ao se entregar por nós; São Bento ao reconhecer a primazia deste amor, medita as palavras do salmista: "Vede: como é bom, como é agradável habitar todos juntos, como irmãos." (Sl 133, 1), e escreve a regra. Saint-Exúpery apresenta o amor de forma poética e lúdica numa obra que acabou cativando a muitos, tornando-se uma das obras literárias mais traduzidas e lidas da atualidade. Estes dois últimos souberam amar e ensinar como fazê-lo. A eles cabe muito bem o trecho do evangelista quando diz: "Nisto reconhecerão todos que sois meus discípulos, se tiverdes amor uns pelos outros". (Jo 13, 35).

Cabe a nós repetir a cada dia este grande feito. Seremos

sinais do *Reino de Deus* já aqui, pois "Sendo assim, em nome de Cristo exercemos a função de embaixadores e por nosso intermédio é Deus mesmo que vos exorta." (2 Cor 5, 20).

A Arte Beuronense

Todas as aquarelas do artista João Rossi para esse livro foram inspiradas na escola beuronense de arte e estão presentes na Abadia Nossa Senhora da Assunção no Mosteiro de São Bento de São Paulo.

A chamada arte beuronense recebe este nome devido à uma escola artística monástica surgida no final do século XIX na Abadia de São Martinho de Beuron, Baviera, Sul da Alemanha.

Tudo tem início no ano de 1868 quando o dito mosteiro acolhe o artista Peter Lens (1832-1928) para aí construir uma pequena capela dedicada a São Mauro, a qual teve o patrocínio da princesa Katharina. Peter foi admitido no mosteiro de Beuron em 1872 como oblato claustral iniciando uma longa vida monástica. Posteriormente se torna monge beneditino, modificando seu nome para Desidério Lenz. Na abadia tem autorização para continuar a exercer sua arte, integrando-a ao serviço da Igreja. Em sua oficina arregimenta outros irmãos aos quais apresenta não apenas a teoria de sua arte. É quando surge oficialmente o estilo beuronense.

Tal estilo, embora eclético com influencias das artes egípcia, grega, babilônia e bizantina, constitui um estilo próprio a qual pretendia com sua crítica, eliminar o naturalismo em voga na arte secular. Os traços de suas figuras são hieráticos, solenes, o que contribui sobremaneira ao culto litúrgico, o qual também se encontrava em vias de reestruturação, destacando-se a reforma do Canto Gregoriano.

Deve-se levar em consideração que o estilo beuronense é extremamente rigoroso com seus princípios os quais tem por base a teoria matemática, a beleza clássica da harmonia e proporção e as linhas puras e distintas.

No Brasil a arte beuronense tem presença ainda no fim do século XIX quando chegam os primeiros monges alemães advindos da Congregação Beneditina de Beuron (que abrangia parte da Alemanha, Bélgica, Áustria e a atual República Tcheca), e ganhou força no início do século XX com a construção da nova Abadia da cidade de São Paulo empreendida pelo então Abade Dom Miguel Kruse.

João Rossi

Paulista de Rio Claro, desde criança demostrou aptidão para a arte, executando desenhos inspiradores, revelando-se exímio desenhista e ilustrador. Amante da arte sacra, dedica parte de sua vida à pesquisa de preservação da memória e conservação da arte religiosa.

É o restaurador responsável pelas obras de conservação e restauro do Mosteiro de São Bento de São Paulo. Cuida do acervo de arte da Catedral Metropolitana de São Paulo – Catedral da Sé - e de coleções particulares. Proprietário da Lumen, Conservação e Restauro.

Foto: Wellington Batista

O Pequeno Príncipe

Antoine de Saint-Exupéry

[1]Tradução: GABRIEL PERISSÉ

Para Léon Werth.

Peço perdão às crianças por dedicar este livro a um adulto. Mas existe uma boa razão para isso: esse adulto é o melhor amigo que eu tenho no mundo. Outra razão é que esse adulto tem sensibilidade para compreender qualquer coisa, inclusive os livros para crianças. E tenho ainda uma terceira razão: esse adulto mora na França, onde está passando fome e frio neste momento. Ele precisa receber alguma alegria. Se todas essas razões não forem suficientes, dedico este livro à criança que ele foi um dia. Todos os adultos no início de suas vidas foram crianças. (Mas somente alguns se lembram disso.) Vou então corrigir minha dedicatória:

Para Léon Werth
no tempo em que era menino.

1. Essa tradução do Gabriel Perissé, foi gentilmente cedida pelo Grupo Autêntica para compor a obra O Pequeno Príncipe descobre o Mosteiro.

I

Certa vez, quando eu tinha seis anos de idade, vi uma imagem fantástica num livro sobre a floresta virgem. O livro se chamava Histórias reais. A ilustração mostrava uma jiboia engolindo um animal. Vejam a cópia que fiz daquele desenho.

O livro dizia o seguinte: "As jiboias devoram suas presas inteiramente, sem mastigar. Depois disso não conseguem se mover e dormem durante seis meses, enquanto fazem a digestão".

Fiquei um bom tempo pensando nas aventuras da selva e então, com um lápis de cor, consegui fazer meu primeiro desenho. Meu desenho número 1 era assim:

Mostrei minha obra-prima aos adultos, perguntando se sentiam medo ao verem meu desenho.

Eles me responderam:

– Medo? Por causa de um chapéu?

Não era um chapéu. Meu desenho mostrava uma jiboia digerindo um elefante. Então desenhei o interior da jiboia para que os adultos pudessem compreender. Eles sempre precisam de explicações. Meu desenho número 2 ficou assim:

Os adultos me aconselharam a desistir dos desenhos de jiboias abertas ou fechadas e a me interessar por outras coisas, como geografia, história, matemática e gramática. E foi assim que abandonei uma promissora carreira de pintor aos seis anos de idade. Perdi o ânimo ao ver o fracasso do meu desenho número 1 e do meu desenho número 2. Os adultos não compreendem nada sozinhos, e é muito cansativo para as crianças ficar explicando, explicando...

Tive que escolher outra profissão e aprendi a pilotar aviões. Voei pelo mundo todo, e a verdade é que a geografia me ajudou muito. Bastava bater o olho e eu já sabia se estava sobrevoando a China ou o Arizona. Isso é muito útil quando se está perdido de noite.

Durante minha vida conheci muitas pessoas importantes. Convivi com muitos adultos. Pude vê-los bem de perto. Mas minha opinião sobre eles não melhorou nem um pouco.

Quando encontrava algum adulto que me parecia um pouco mais

inteligente, eu fazia com ele a experiência do meu desenho número 1, que sempre guardei comigo. Queria descobrir se ele tinha verdadeira sensibilidade. Mas a resposta era sempre a mesma: "Isso é um chapéu". E então eu não falava nada sobre jiboias, florestas virgens ou estrelas. Eu me colocava no seu nível. E começava a conversar sobre bridge, golfe, política e gravatas. E o adulto ficava feliz por conhecer um homem tão sensato.

II

E assim vivi, solitário, sem ter ninguém com quem pudesse conversar de verdade, até o dia em que deu uma pane no meu avião e fiz um pouso forçado no deserto do Saara. Isto aconteceu faz seis anos. Alguma coisa tinha quebrado no meu motor. E como eu nunca levava comigo nem mecânicos nem passageiros, me preparei para tentar fazer sozinho aquele difícil conserto. Era uma questão de vida ou morte para mim. A reserva de água para beber duraria apenas oito dias.

Na primeira noite, dormi deitado na areia, a milhares de quilômetros de distância de qualquer lugar habitado. Eu estava mais isolado do que um náufrago dentro de um bote no meio do oceano. Imaginem então minha surpresa quando, ao nascer do dia, fui acordado por uma estranha voz de criança, que dizia:

– Por favor... desenhe um carneiro para mim!

– O quê?!

– Desenhe um carneiro para mim...

Levantei de um pulo como se tivesse sido atingido por um raio. Esfreguei os olhos com força. Olhei atentamente. E vi um menino fora do comum, que me fitava com grande seriedade. Este é o melhor retrato que, tempos depois, consegui fazer dele.

É claro, porém, que meu desenho está muito menos encantador do que o modelo. O que não é culpa minha. Aos seis anos de idade, fui desestimulado pelos adultos de seguir a carreira de pintor e a única coisa que aprendi a desenhar foram as jiboias fechadas e abertas.

Eu olhava aquela aparição com os olhos arregalados de espanto.

Não esqueçam que me encontrava a milhares de quilômetros de distância de qualquer região habitada. Ora, aquele menino não parecia estar perdido, nem morto de cansaço, nem morto de fome, nem morto de sede, nem morto de medo. Não tinha a menor aparência de uma criança perdida no meio do deserto, a milhares de quilômetros de qualquer região habitada. Quando finalmente consegui falar, perguntei:

– Mas... o que você está fazendo aqui?

E então ele voltou a me pedir, em voz baixa, como se fosse um assunto muito sério:

– Por favor... desenhe um carneiro para mim...

Quando o mistério é impressionante demais, ninguém tem coragem de desobedecer. Por mais absurdo que aquilo me parecesse a milhares de quilômetros de todos os lugares habitados, por mais que eu estivesse em perigo de morte, tirei do bolso uma folha de papel e uma caneta-tinteiro. Mas foi então que lembrei que tinha estudado principalmente geografia, história, matemática e gramática, e disse ao menino (com um pouco de mau humor) que eu não sabia desenhar. Ele me respondeu:

– Isso não importa. Desenhe um carneiro para mim.

Como eu nunca havia desenhado um carneiro na vida, fiz para ele uma jiboia fechada, um dos dois únicos desenhos que eu era capaz de fazer. E fiquei atônito ao ouvir o menino reclamar:

– Não! Não! Eu não quero um elefante dentro de uma jiboia. Uma jiboia é muito perigosa, e um elefante é grande demais. Tudo é muito pequeno onde eu moro. Eu preciso de um carneiro. Desenhe um carneiro para mim.

Então eu desenhei.

Ele olhou atentamente, e disse:

– Não! Este carneiro está muito doente. Faça outro.

Desenhei outro.

Meu amigo sorriu amavelmente, e disse, cheio de compreensão:

– Veja bem... isso não é um carneiro, é um bode. Olhe os chifres...

Refiz meu desenho.

Mas ele também foi recusado:

– Esse é velho demais. Eu quero um carneiro que viva muito tempo.

Então, já sem paciência, e como estava aflito para começar a desmontar meu motor, rabisquei este desenho.

E disse a primeira coisa que me veio à cabeça:

– Isto é uma caixa. O carneiro que você quer está aqui dentro.

Mas fiquei surpreso ao ver o rosto do meu jovem juiz iluminar-se:

– Era exatamente isso que eu queria! E você acha que esse carneiro vai precisar de muito capim?

– Por quê?

– É que onde eu moro é muito pequeno...

– O capim que tiver será suficiente, não se preocupe. Eu lhe dei um carneiro bem pequeno.

Ele inclinou a cabeça sobre o desenho:

– Não é tão pequeno assim... Olha! Ele está dormindo...

E foi assim que eu conheci o pequeno príncipe.

III

Precisei de muito tempo para compreender de onde ele tinha vindo. O pequeno príncipe, que me fazia várias perguntas, nunca parecia ouvir as minhas. Foram palavras suas, ditas ao acaso, que pouco a pouco me revelaram tudo.

Por exemplo, quando ele viu meu avião pela primeira vez (não vou desenhar o meu avião aqui porque seria complicado demais para mim), me perguntou:

– O que é essa coisa aí?

– Isto não é uma coisa. Isto voa. É um avião. O meu avião.

Fiquei orgulhoso de lhe dizer que eu podia voar. E então ele exclamou:

– O quê? Você desceu do céu?!

– Sim – disse eu modestamente.

– Nossa, que engraçado!...

E o pequeno príncipe soltou uma sonora gargalhada, o que me irritou bastante. Gosto que minhas desgraças sejam levadas a sério.

Depois ele acrescentou:

– Então você também veio do céu! De qual planeta você é?

Foi aí que eu percebi um raio de luz no mistério de sua presença, e lhe perguntei diretamente:

– Quer dizer que você veio de outro planeta?

Mas ele não me respondeu. Balançava a cabeça suavemente, observando meu avião:

– É, em cima disso aí você não conseguiria vir de muito longe, não...

E começou a devanear durante um bom tempo. Em seguida, tirando meu carneiro do bolso, mergulhou na contemplação do seu tesouro.

Vocês podem imaginar o quanto fiquei curioso com aquela meia confidência a respeito de "outros planetas". Tentei por todos os meios saber um pouco mais:

– De onde você veio, meu menino? Onde fica sua casa? Para onde você pretende levar meu carneiro?

Após algum tempo meditando em silêncio, ele me respondeu:

– O bom disso tudo é que a caixa que você me deu servirá de casa para ele, à noite.

– Claro. E se você se comportar bem, eu lhe darei também uma corda para prender o carneiro durante o dia. E uma estaca onde amarrar a corda.

A proposta pareceu chocar o pequeno príncipe:

– Prendê-lo? Que ideia mais esquisita!

– Mas se você não o prender, ele vai fugir e se perder por aí.

E meu amigo soltou uma nova gargalhada:

– Mas para onde você acha que ele vai fugir?

– Sei lá. Para qualquer lugar. Irá andando para a frente...

Então o pequeno príncipe ficou muito sério e disse:

– Não tem importância. Lá onde eu moro é tão pequeno!

E, talvez com um pouco de melancolia, acrescentou:

– Andar para a frente não leva ninguém muito longe...

IV

Foi assim que aprendi uma segunda coisa muito importante: seu planeta de origem era pouco maior do que uma casa!

Mas isso não me surpreendeu muito, pois eu já sabia que além dos grandes planetas como a Terra, Júpiter, Marte, Vênus, que receberam nomes, existem centenas de outros que, às vezes, são tão pequenos que mal podem ser vistos pelo telescópio. Quando um astrônomo descobre um deles, lhe dá um número como nome. Por exemplo: "asteroide 325". Tenho sérios motivos para acreditar que o planeta de onde veio o pequeno príncipe é o asteroide B 612. Esse asteroide foi visto pelo telescópio uma única vez, em 1909, por um astrônomo turco.

Na época, esse astrônomo fez uma grande demonstração de sua descoberta num congresso internacional de astronomia, mas ninguém acreditou nele, por causa das roupas que estava vestindo. Os adultos são assim mesmo.

Felizmente, e foi o que salvou a reputação do asteroide B 612, um ditador turco mandou que o povo passasse a se vestir como os europeus. Quem desobedecesse a essa ordem seria condenado à morte. O astrônomo repetiu sua demonstração em 1920, trajando uma elegante casaca. E dessa vez todo mundo respeitou sua descoberta.

Se estou contando a vocês esses detalhes sobre o asteroide B 612, e revelando seu número, é por causa dos adultos. Os adultos adoram números. Quando vocês falarem de um novo amigo, os adultos nunca vão perguntar sobre as coisas essenciais. Nunca irão perguntar, por exemplo:

"Qual é o som da voz do seu amigo? Quais as brincadeiras que ele gosta mais? Ele coleciona borboletas?". Os adultos irão perguntar: "Qual a idade dele? Quantos irmãos ele tem? Quanto ele pesa? Quanto o pai dele ganha?". Só assim acreditam que podem conhecer uma pessoa. Se vocês disserem aos adultos: "Vi uma linda casa de tijolos cor-de-rosa, com gerânios nas janelas e pombos no telhado...", eles não conseguirão visualizar essa casa. Será preciso dizer: "Vi uma casa que custa dois milhões de reais". Aí, sim, eles vão exclamar:

"Essa casa deve ser linda!".

Se vocês disserem aos adultos que "a prova de que o pequeno príncipe realmente existiu é que ele era encantador, que ele ria e queria um carneiro, e que quando uma pessoa quer um carneiro é porque essa pessoa existe", eles vão encolher os ombros e dizer que vocês não passam de crianças! Mas se vocês disserem que "o planeta de onde ele veio é o asteroide B 612", os adultos vão acreditar em tudo, deixando vocês em paz, sem novas perguntas. Eles são assim mesmo. Não devemos ficar zangados por isso. As crianças precisam ter muita paciência com os adultos.

No entanto, nós, que compreendemos o que é mais importante na vida, não estamos presos aos números! Aliás, eu gostaria de ter começado esta história como se fosse um conto de fadas. Gostaria de ter escrito assim:

"Era uma vez um pequeno príncipe que morava num planeta pouco maior do que ele, e que precisava de um amigo...".

Para quem compreende o que é mais importante na vida, essas palavras criariam um clima muito mais verdadeiro.

Eu não queria que lessem meu livro de modo superficial. Sofro muito escrevendo estas minhas lembranças. Já faz seis anos que meu amigo se foi, levando seu carneiro. Tentei descrevê-lo aqui justamente para não esquecê-lo. É triste esquecer um amigo. Nem todo mundo sabe o que é realmente ter um amigo. E eu corro o risco de me tornar um adulto que só se interessa por números. Foi por isso que comprei um estojo de aquarela e alguns lápis de cor. Não é nada fácil retomar o desenho a esta altura da vida, sobretudo quando as únicas tentativas foram uma jiboia fechada e uma jiboia aberta aos seis anos de idade! É claro que eu estava disposto a fazer os retratos mais semelhantes possíveis à realidade. Mas não tenho certeza se consegui. Alguns desenhos saíram bem, mas outros não se parecem nem um pouco. Eu também me atrapalho com o tamanho dos desenhos. Às vezes o pequeno príncipe saiu muito grande, às vezes saiu muito pequeno. Fico em dúvida também com as cores de suas roupas. Fui tateando aqui e ali, acertando e errando muito. Cometi alguns equívocos em detalhes importantes, mas aqui vocês terão que me perdoar, pois meu amigo nunca me dava explicações. Talvez ele acreditasse que eu fosse igual a ele. Infelizmente, porém, não sei ver carneiros dentro de caixas. Talvez eu seja um pouco como os adultos. Acho que estou envelhecendo.

V

A cada dia eu aprendia alguma coisa nova sobre seu planeta, sobre sua partida e sua viagem. Mas tudo em ritmo lento, ao sabor das reflexões do pequeno príncipe. Foi assim que, no terceiro dia, tomei conhecimento do drama dos baobás.

Também dessa vez foi graças ao carneiro, porque de repente o pequeno príncipe me perguntou, como que assaltado por uma dúvida muito séria:

– É verdade que os carneiros comem arbustos?

– Sim, é verdade.

– Ah, que ótimo!

Não entendi por que era tão importante para ele que os carneiros comessem arbustos. Mas o pequeno príncipe acrescentou:

– Então eles também comem os baobás?

Tive de explicar ao pequeno príncipe que os baobás não são arbustos, mas árvores grandes como catedrais, e que mesmo levando com ele uma manada de elefantes, todos esses elefantes não conseguiriam derrubar um único baobá.

A ideia da manada de elefantes fez o pequeno príncipe rir:

– Seria preciso empilhar os elefantes uns em cima dos outros...

Mas observou com agudeza:

– No começo, antes de crescerem, os baobás são pequenos.

– Certamente, mas por que você quer que os seus carneiros comam os pequenos baobás?

Ele me respondeu:

– O tempo dirá! – como se fosse uma coisa evidente por si mesma.

E eu precisei fazer um grande esforço para compreender sozinho essa questão.

De fato, no planeta do pequeno príncipe haveria, como em todos os planetas, plantas boas e plantas ruins. E, como é natural, boas sementes de boas plantas e más sementes de plantas más.

As sementes, no entanto, são invisíveis. Dormem secretamente sob o solo até que uma delas resolva acordar. Essa semente se espreguiça e, no início, timidamente, lança em direção ao sol um gracioso e inofensivo broto. Sendo um broto de rabanete ou o primeiro raminho de uma roseira, podemos deixar que cresça à vontade. Mas se for o broto de uma planta daninha, é preciso arrancá-lo o mais rápido possível, tão logo seja identificado. Ora, havia sementes terríveis no planeta do pequeno príncipe: as sementes de baobás. O solo do planeta estava infestado dessas sementes. E se o broto do baobá cresce sem que ninguém perceba a tempo, depois é impossível livrar-se dele. O baobá acaba atravancando o planeta inteiro, perfurando-o com suas raízes. E se o planeta for muito pequeno, e se os baobás forem muito numerosos, eles arrebentam o planeta.

– É uma questão de disciplina – dizia o pequeno príncipe mais tarde. – Depois de concluída a higiene matinal, é preciso fazer cuidadosamente a higiene do planeta. É preciso se dedicar com força de vontade, regularmente, a arrancar os brotos dos baobás, assim que se percebe que não são brotos de roseiras, com os quais se parecem muito. É um trabalho entediante, mas fácil de realizar.

E um dia ele me aconselhou a fazer, com empenho, um belo desenho, para que as crianças do meu planeta entendessem uma coisa e jamais esquecessem. "Se um dia elas forem viajar, isso poderá ser útil", me dizia o pequeno príncipe. "De vez em quando não há problema em deixar um trabalho para mais tarde, mas se o assunto são os baobás, adiar a tarefa sempre provocará uma catástrofe. Conheci um planeta habitado por um preguiçoso. Ele se descuidou e deixou passar três arbustos...".

Seguindo as indicações do pequeno príncipe, desenhei esse planeta. Detesto assumir um tom moralista, mas o perigo dos baobás é tão pouco conhecido, e são tão grandes os riscos que uma pessoa perdida num asteroide corre por causa deles, que, pelo menos desta vez, resolvi abrir uma exceção e dizer: "Crianças! Cuidado com os baobás!".

Caprichei bastante nesse desenho, com a intenção de alertar meus amigos sobre um perigo que está, faz tempo, muito próximo deles e de mim, sem que tivéssemos a menor consciência disso. Vale a pena prestar atenção ao ensinamento que essa ilustração traz. E talvez vocês me perguntem: "Por que não há, neste livro, outros desenhos tão impressionantes como o desenho dos baobás?". E a resposta é muito simples: bem que eu tentei, mas não consegui repetir a proeza. Quando desenhei os baobás eu estava impulsionado pelo sentimento da urgência.

VI

Ah, pequeno príncipe! Foi assim, pouco a pouco, que eu compreendi sua existência simples e melancólica. Durante muito tempo, a única distração da sua vida era a doçura do pôr do sol. Aprendi esse novo detalhe no quarto dia, pela manhã, quando você me disse:

– Adoro ver o pôr do sol. Vamos ver o sol se pôr agora?

– Mas ainda é muito cedo, temos de esperar...

– Esperar o quê?

– Esperar que o sol se ponha.

Você primeiro ficou muito surpreso, mas depois riu de si mesmo. E me disse:

– Eu sempre acho que estou em casa!

Realmente. Todo mundo sabe que quando é meio-dia nos Estados Unidos, o sol está se pondo na França. Bastaria poder ir à França em um minuto para assistir ao pôr do sol. Infelizmente, a França está longe demais. Mas em seu diminuto planeta, meu pequeno príncipe, bastava mover a cadeira alguns passos para a frente, e você já podia contemplar o crepúsculo todas as vezes que desejasse...

– Um dia, eu vi o sol se pôr quarenta e quatro vezes!

E acrescentou logo depois:

– Sabe como é... quando alguém se sente muito triste gosta de ficar olhando o pôr do sol...

– Nesse dia das quarenta e quatro vezes, você estava muito triste, não estava? Mas o pequeno príncipe não me respondeu.

VII

No quinto dia, sempre graças ao carneiro, outro segredo da vida do pequeno príncipe me foi revelado. Ele me perguntou subitamente, sem rodeios, depois de refletir silenciosamente sobre o problema durante muito tempo:

– Se um carneiro come os arbustos, come também as flores?

– Um carneiro come tudo o que encontra pela frente.

– Até mesmo as flores que têm espinhos?

– Sim. Até mesmo as flores que têm espinhos.

– Então para que servem os espinhos?

Eu não sabia responder. E naquele exato momento eu estava ocupado com meu motor, tentando retirar um parafuso muito apertado. Minha preocupação crescia a cada momento, ao ver que a pane do avião parecia ter sido muito grave. Além disso, a reserva de água para beber estava acabando, o que me fazia temer o pior.

– Para que servem os espinhos?

O pequeno príncipe nunca desistia de uma pergunta que tivesse feito. Irritado com meu parafuso, respondi sem pensar:

– Os espinhos não servem para nada, são pura maldade das flores!

– Oh!

Mas depois de uns instantes de silêncio, ele reagiu, indignado:

– Não acredito no que você diz! As flores são frágeis. São inocentes. Elas se defendem como podem. Pensam que seus espinhos são armas terríveis...

Não respondi nada, pensando comigo mesmo: "Se este parafuso não quiser sair, serei obrigado a arrancá-lo com uma boa martelada". O pequeno príncipe atrapalhou de novo minhas reflexões:

– E você acha que as flores...

– Chega! Chega! Eu não acho nada! Eu falei sem pensar. Estou muito ocupado com coisas muito mais sérias!

Ele me olhou, surpreso.

– Coisas muito mais sérias!

O pequeno príncipe me via com o martelo na mão, os dedos sujos de graxa, inclinado sobre um objeto que para ele não tinha a menor graça.

– Você fala como os adultos!

Suas palavras me deixaram um tanto envergonhado. Mas ele, impiedoso, acrescentou:

– Você confunde tudo... você mistura tudo!

Ele estava realmente furioso, com seus cabelos dourados agitados pelo vento.

– Eu conheci um planeta onde vive um homem vermelho como o carmim. Ele nunca sentiu o perfume de uma flor. Nunca contemplou uma estrela. Nunca amou ninguém. A única coisa que sabe fazer são contas de somar. E ele passa o dia todo repetindo, como você: "Eu sou um homem ocupado com coisas sérias! Eu sou um homem ocupado com coisas sérias!", e isso o enche de orgulho. Mas ele não é um homem, é um cogumelo!

– Um o quê?

– Um cogumelo!

O pequeno príncipe estava pálido de raiva.

– Há milhões de anos as flores produzem espinhos. E, apesar disso, há milhões de anos os carneiros continuam comendo as flores. Você não acha que é uma coisa séria tentar compreender por que as flores se esforçam tanto para produzir espinhos que não servem para nada? Não é uma coisa importante essa guerra entre os carneiros e as flores? Isso tudo não é uma coisa muito mais séria e importante do que as contas de somar de um homem barrigudo, todo vermelho? Você não acha que é uma coisa importante se eu conheço uma flor que é absolutamente única no mundo, que só existe no meu planeta, e que essa flor pode ser destruída numa bela manhã, assim, numa só mordida, por um carneirinho que não sabe o que faz?

Ele corou e prosseguiu:

– Se alguém ama uma flor que é única no meio de milhões e milhões de estrelas, isso é o suficiente para que ele se sinta feliz quando contempla essas estrelas, dizendo para si mesmo: "Minha flor está aí, em algum lugar...". Mas se o carneiro come a flor, todas as estrelas se apagam de uma hora para outra! E isso não é uma coisa importante? Ele não conseguiu dizer mais nada. Subitamente, começou a chorar, soluçando. A noite já tinha caído. Larguei minhas ferramentas. Meu martelo, meu parafuso, a sede e a morte... nada disso tinha agora a menor importância! Naquele instante, numa estrela, num planeta, neste meu planeta Terra, havia um pequeno príncipe para consolar! Eu o peguei nos braços. E comecei a acalentá-lo. E lhe dizia:

– A flor que você ama não corre perigo... Vou desenhar uma focinheira para colocar em seu carneiro... Vou desenhar uma armadura para a sua flor... Eu...

Eu não sabia mais o que dizer. Estava me sentindo péssimo. Não sabia como me aproximar dele, como me unir a ele... Como é misterioso o país das lágrimas!

VIII

Fui aprendendo rapidamente a conhecer melhor essa flor. Sempre houve, no planeta do pequeno príncipe, flores muito simples, ornadas com uma única fileira de pétalas, flores que não ocupavam muito espaço e não incomodavam ninguém. Desabrochavam numa bela manhã, no meio do capim, e murchavam quando chegava a noite. Mas aquela flor em especial nasceu de uma semente que veio não se sabe de onde, e o pequeno príncipe foi verificar bem de perto aquele broto, que não se parecia com nenhum outro broto. Havia o risco de ser um novo tipo de baobá, mas o raminho logo parou de crescer e começou a anunciar uma flor. O pequeno príncipe, que assistia ao surgimento do enorme botão, pressentia a aparição milagrosa. Mas a flor, escondida em seu quarto verde, nunca terminava de se arrumar. Ela escolhia suas cores com grande cuidado. Vestia-se lentamente, ajeitando suas pétalas uma a uma. Não queria sair toda amarrotada como as papoulas. Desejava aparecer no esplendor máximo de sua beleza. Ah, sim, era uma flor muito vaidosa! Seus misteriosos preparativos duraram muitos dias. Até que, numa bela manhã, exatamente na mesma hora do nascer do sol, ela se mostrou.

E a flor, que tinha se aprontado com tanto capricho, disse, bocejando: – Ah! Acordei agora há pouco... Desculpe... ainda estou toda despenteada... O pequeno príncipe não conteve sua admiração:

– Como você é bonita!

– Sou mesmo – respondeu a flor com doçura. – E nasci ao mesmo tempo que o sol...

O pequeno príncipe logo percebeu que ela não primava pela modéstia, mas era tão envolvente!

– Acho que é hora do café da manhã – acrescentou logo em seguida. – Aliás, você teria a bondade de providenciar alguma coisa para mim?

E o pequeno príncipe, meio atrapalhado, foi procurar um regador com água fresca e molhou a flor.

Em pouco tempo, a vaidade um tanto excessiva da flor começou a atormentar o pequeno príncipe. Certo dia, por exemplo, falando de seus quatro espinhos, ela disse:

– Não tenho o menor medo dos tigres e de suas garras!

– Não existem tigres no meu planeta – reagiu o pequeno príncipe. – E, além do mais, tigres não comem plantas.

– Acontece que eu não sou uma planta – respondeu a flor suavemente.

– Perdão...

– Não tenho medo de tigres, mas tenho pavor de correntes de ar. Você não teria aí um biombo?

– Pavor de correntes de ar... de fato, isso não faz bem para uma planta – refletiu o pequeno príncipe. – Mas que essa flor é complicada, isso ela é...

– E outra coisa: de noite, você me colocará dentro de uma redoma de vidro. Faz muito frio neste seu planeta, que não é nada confortável. De onde eu venho...

Mas nesse ponto ela se calou, pois tinha vindo de uma semente e não conhecia nenhum outro mundo. Encabulada pela mentira tão boba que estava prestes a dizer, tossiu duas ou três vezes para fazer o pequeno príncipe se sentir culpado:

– E o biombo, onde está?...

– Eu ia buscar, mas você ainda estava falando comigo!

Ela então forçou a tosse um pouco mais, para que o pequeno príncipe ficasse realmente com remorsos.

E foi assim que o pequeno príncipe, apesar da generosidade do seu amor, começou a duvidar das intenções da flor. Levar a sério palavras sem importância deixou-o muito triste.

– Eu não deveria ter dado ouvidos a ela – ele me confidenciou certa vez. – Nunca se deve dar ouvidos às flores. Basta contemplá-las e sentir seu perfume. A minha flor enchia meu planeta de perfume, e eu não soube me contentar com isso. Aquela história das garras dos tigres que me deixou tão nervoso deveria ter apenas despertado meu carinho...

E me confidenciou ainda:

– Fui incapaz de entendê-la! Eu não deveria ter julgado a flor por suas palavras, mas por suas ações. Ela me oferecia seu perfume e me enchia de alegria. Eu jamais deveria tê-la abandonado! O certo mesmo era eu ter percebido sua ternura por trás daqueles truques bobos. As flores são tão contraditórias! Mas eu era jovem demais para saber amá-la.

IX

Acho que o pequeno príncipe aproveitou uma migração de pássaros selvagens para fugir. Na manhã da partida, colocou seu planeta em ordem. Limpou cuidadosamente os vulcões em atividade. Ele tinha dois vulcões em atividade. Eram ótimos para esquentar o café da manhã. E tinha também um vulcão extinto. Mas, como ele sempre dizia, nunca se sabe, e por isso limpava também o vulcão extinto. Quando estão bem limpos, os vulcões fumegam suave e regularmente, sem erupções. As erupções vulcânicas são como as lareiras acesas. É evidente que na Terra somos pequenos demais para limpar nossos vulcões, e é por isso que nos causam tantos desgostos.

O pequeno príncipe arrancou também, com uma certa tristeza no coração, os últimos brotos de baobás. Pensava nunca mais voltar ao seu planeta. Todas aquelas atividades, tão familiares, lhe pareciam extremamente suaves naquela manhã. E quando regou a flor pela última vez, e já ia colocá-la sob a proteção da redoma de vidro, sentiu que estava a ponto de chorar.

– Adeus – disse à flor.

Mas ela não respondeu.

– Adeus – ele repetiu.

A flor tossiu. Mas não era por causa do resfriado.

– Eu fui uma tola – disse ela, finalmente. – Peço desculpas. Espero que você seja feliz.

Ele estranhou a ausência de reclamações. O pequeno príncipe estava ali, perplexo, segurando a redoma no ar. Não compreendia aquela doce tranquilidade da flor.

– Ah, sim, eu amo você – disse a flor. – Se nunca percebeu, a culpa foi minha. Mas isso agora não tem a menor importância. Você foi tão tolo quanto eu. Espero que seja feliz... E pode deixar essa redoma em paz. Não quero mais saber dela.

– Mas o vento...

– Não estou tão resfriada assim... O ar fresco da noite me fará muito bem. Eu sou uma flor.

– Mas os animais...

– Preciso suportar duas ou três lagartas se quiser conhecer as borboletas. Dizem que elas são muito bonitas. Caso contrário, quem virá me visitar? Você estará bem longe daqui. Quanto aos grandes animais, não tenho medo deles. Aqui estão as minhas garras.

E ela mostrou ingenuamente os seus quatro espinhos. E acrescentou:

– Que irritante tudo isso! Não perca mais seu tempo. Você decidiu ir embora. Então vá embora de uma vez.

Disse isso porque não queria que ele a visse chorar. Era uma flor extremamente orgulhosa...

X

O pequeno príncipe se encontrava na região dos asteroides 325, 326, 327, 328, 329 e 330. E foram esses os que começou a visitar, em busca de trabalho e para aprender coisas novas.

O primeiro asteroide era habitado por um rei. Vestido de púrpura e arminho, o rei estava sentado num trono muito simples porém majestoso.

– Ah, eis aí um súdito! – exclamou o rei ao ver o pequeno príncipe. E este pensou: "Como poderá me reconhecer, se nunca me viu antes?". Não sabia o pequeno príncipe que, para os reis, o mundo é muito simples. Todos os seres humanos são seus súditos.

– Aproxime-se para que eu o veja melhor – disse o rei, todo orgulhoso de, finalmente, poder ser o rei de alguém.

O pequeno príncipe procurou com os olhos um lugar para se sentar, mas o planeta estava todo coberto pelo magnífico manto de arminho. Por isso continuou de pé e, como estava muito cansado, bocejou.

– É contra a etiqueta bocejar na presença de um rei – disse o monarca. – Eu o proíbo de bocejar!

– Não posso evitar o bocejo – respondeu o pequeno príncipe, muito constrangido. – Fiz uma longa viagem e não consegui dormir...

– Então – disse o rei – eu ordeno que você boceje. Não vejo ninguém bocejar há muitos anos. Os bocejos são uma raridade para mim. Vamos! Boceje de novo. Isso é uma ordem!

– Assim eu fico inibido... e já não consigo bocejar... – explicou o pequeno príncipe, ruborizado.

– Hum! Hum! – respondeu o rei. – Então eu... eu ordeno que às vezes você boceje e às vezes...

Ele gaguejava um pouco e parecia envergonhado. Pois era essencial para o rei que sua autoridade fosse respeitada. Não tolerava a desobediência. Era um monarca absoluto. Mas, como era muito bom, dava ordens razoáveis.

O rei costumava dizer:

– Se eu ordenasse a um general que se transformasse numa gaivota, e ele não obedecesse, não seria culpa do general. A culpa seria minha.

– Posso me sentar? – perguntou o pequeno príncipe, timidamente.

– Ordeno que você se sente! – respondeu o rei, puxando majestosamente a borda do seu manto de arminho.

Mas o pequeno príncipe estava perplexo ao ver como era pequeno aquele planeta. Sobre que coisas aquele rei poderia reinar?

– Majestade... – disse o pequeno príncipe – perdoe-me por perguntar...

– Eu ordeno que você pergunte – o rei se apressou a dizer.

– Majestade... sobre o que o senhor reina?

– Sobre tudo – respondeu o rei com grande simplicidade.

– Sobre tudo?

Com um gesto contido, o rei indicou seu planeta, os outros planetas e as estrelas.

– Sobre tudo isso? – perguntou o pequeno príncipe.

– Sobre tudo isso – respondeu o rei.

Pois não era apenas um monarca absoluto, mas também um monarca universal.

– E as estrelas lhe obedecem?

– É claro – disse o rei. – Elas me obedecem imediatamente. Não tolero indisciplina...

Todo aquele poder deixou o pequeno príncipe maravilhado. Se tivesse o mesmo poder, poderia ver o sol se pôr no mesmo dia não apenas quarenta e quatro vezes, mas setenta e duas vezes, ou mesmo cem, ou até mesmo duzentas vezes, sem precisar mover sua cadeira! E sentindo-se um pouco triste por ter se lembrado do seu pequeno planeta abandonado, ousou pedir ao rei uma graça:

– Eu queria ver um pôr do sol... Peço-lhe essa pequena alegria... Ordene ao sol que se ponha...

– Se eu ordenasse a um general que voasse de flor em flor como uma borboleta, ou escrevesse uma peça de teatro, ou se transformasse numa gaivota, e ele não executasse a ordem recebida, qual de nós dois, eu ou o general, estaria errado?

– O senhor – disse o pequeno príncipe com firmeza.

– Exatamente! É preciso exigir de cada um o que cada um pode dar – replicou o rei. – A autoridade se fundamenta, antes de tudo, sobre a razão. Se você ordenar ao seu povo que se jogue dentro do mar, o povo se revoltará. Eu tenho o direito de exigir obediência porque minhas ordens são razoáveis.

– E o meu pôr do sol? – lembrou o pequeno príncipe, que nunca esquecia uma pergunta que tivesse feito.

– Você terá o seu pôr do sol. Eu o exigirei. Mas, baseado em minha longa experiência de governante, devo aguardar as condições favoráveis.

– E quando será isso? – indagou o pequeno príncipe.

– Hein? É... – o rei hesitou, consultando um enorme calendário astronômico. – Hein? É... Vamos ver... Isso será por volta de... Isso será por volta das sete horas e quarenta minutos da noite! E então você verá como o sol me obedece.

O pequeno príncipe bocejou. Que falta lhe fazia seu pôr do sol! Na verdade, já estava um pouco entediado com tudo aquilo:

– Não tenho mais nada a fazer aqui – disse ao rei. – Vou embora!

– Não vá! – retrucou o rei, que estava todo orgulhoso de ter um súdito. – Não vá, farei de você um ministro!

– Ministro do quê?

– Ministro do... Ministro da Justiça!

– Mas não há ninguém aqui para julgar!

– Nunca se sabe – disse o rei. – Ainda não percorri todo o meu reino. Estou muito velho, caminhar me deixa exausto, e não disponho de uma carruagem.

– Oh! Mas eu já vi – disse o pequeno príncipe, que se inclinou para olhar de novo o outro lado do planeta. – Não há mais ninguém do outro lado.

– Você então julgará a si mesmo – disse o rei. – Essa é a tarefa mais difícil. É muito mais difícil julgar a si mesmo do que julgar as outras pessoas. Se você conseguir julgar a si mesmo corretamente, demonstrará ser um verdadeiro sábio.

– Posso julgar a mim mesmo em qualquer lugar – replicou o pequeno príncipe. – Não preciso morar aqui.

– Hein? É... – disse o rei. – Acho que em algum canto do meu planeta há um velho rato. Ouço seus barulhos toda noite. Você poderá julgar esse velho rato. Você o condenará à morte de vez em quando. A vida desse rato dependerá do seu julgamento. Mas você o perdoará todas as vezes, para conservá-lo. Não há mais ninguém para ser julgado além dele.

– Não gosto de condenar ninguém à morte – respondeu o pequeno príncipe. – E acho que preciso ir embora mesmo.

– Não! – disse o rei.

O pequeno príncipe terminou seus preparativos, mas não queria ferir os sentimentos do velho monarca:

– Se Vossa Majestade deseja ser obedecido sempre e imediatamente, poderia me dar uma ordem razoável agora. Poderia me ordenar, por exemplo, que eu fosse embora dentro de um minuto. Acho que as condições são favoráveis...

Como o rei permanecesse calado, o pequeno príncipe, depois de hesitar um pouco, soltou um suspiro e começou a sair...

– Eu farei de você o meu embaixador! – apressou-se a gritar o rei, parecendo possuir uma grande autoridade.

"Os adultos são muito estranhos", pensava o pequeno príncipe durante sua viagem.

XI

O segundo planeta era habitado por um vaidoso:

– Opa! Um admirador veio me visitar! – exclamou de longe o vaidoso, ao ver o pequeno príncipe se aproximando. Porque os vaidosos acham que todas as pessoas os admiram.

– Bom dia – disse o pequeno príncipe. – Você tem um chapéu engraçado.

– É para cumprimentar as pessoas que me aplaudem. Infelizmente, nunca passa ninguém por aqui.

– Ah, é? – disse o pequeno príncipe, sem entender nada.

– Bata suas mãos uma na outra – aconselhou então o vaidoso.

O pequeno príncipe bateu suas mãos uma na outra. O vaidoso, levantando seu chapéu, o cumprimentou modestamente.

"Isto é mais divertido do que visitar o rei", pensou o pequeno príncipe. E recomeçou a bater as mãos uma na outra. E o vaidoso voltou a cumprimentá-lo, levantando seu chapéu.

Depois de cinco minutos de exercício, o pequeno príncipe se cansou com a monotonia daquela brincadeira:

– E para o chapéu cair, o que é preciso fazer? – perguntou ele.

Mas o vaidoso se fez de surdo. Os vaidosos só ouvem os elogios.

– Você realmente me admira muito? – perguntou ele ao pequeno príncipe.

– O que significa "admirar"?

– "Admirar" significa reconhecer que eu sou o homem mais belo, o mais bem-vestido, o mais rico e o mais inteligente do planeta.

– Mas você é o único habitante do seu planeta!

– Faça-me esta gentileza. Admire-me assim mesmo!

– Eu até posso admirá-lo – disse o pequeno príncipe, erguendo um pouco os ombros. – Mas o que você ganhará com isso?

E o pequeno príncipe se foi daquele lugar.

"Os adultos são de fato muito estranhos", dizia para si mesmo durante a viagem.

XII

O planeta seguinte era habitado por um bêbado. Essa visita foi muito breve, mas mergulhou o pequeno príncipe numa profunda tristeza:

– O que você está fazendo? – perguntou ele ao bêbado, que se encontrava instalado numa mesa, em silêncio, diante de um monte de garrafas vazias e um outro monte de garrafas cheias.

– Eu bebo – respondeu o bêbado com o rosto sombrio.

– Por que você bebe? – indagou o pequeno príncipe.

– Para esquecer – respondeu o bêbado.

– Para esquecer o quê? – inquiriu o pequeno príncipe, já sentindo pena daquele homem.

– Para esquecer que tenho vergonha – confessou o bêbado, baixando a cabeça.

– Vergonha de quê? – insistiu o pequeno príncipe, com vontade de ajudá-lo.

– Vergonha de beber! – concluiu o bêbado, fechando-se definitivamente em seu silêncio.

E o pequeno príncipe foi embora, perplexo.

"Os adultos são muito, muito estranhos", dizia consigo mesmo durante a viagem.

XIII

O quarto planeta pertencia ao empresário. Esse homem estava tão ocupado que sequer levantou a cabeça quando o pequeno príncipe chegou.

– Bom dia – disse-lhe o pequeno príncipe. – Seu cigarro está apagado.

– Três mais dois igual a cinco. Cinco mais sete igual a doze. Doze mais três, quinze. Bom dia. Quinze mais sete igual a vinte e dois. Vinte e dois mais seis, vinte e oito. Não tenho tempo para acendê-lo de novo. Vinte e seis mais cinco, trinta e um. Ufa! O total, portanto, é de quinhentos e um milhões, seiscentos e vinte e dois mil, setecentos e trinta e um.

– Quinhentos milhões de quê?

– Hein? Você ainda está aí? Quinhentos e um milhões de... eu já nem sei mais... Tenho trabalhado tanto! Sou um homem sério e não perco tempo com bobagens! Dois mais cinco igual a sete...

– Quinhentos e um milhões de quê? – repetiu o pequeno príncipe, que nunca em sua vida desistiu de uma pergunta que tivesse feito.

O empresário levantou a cabeça:

– Há cinquenta e quatro anos eu moro neste planeta e só fui interrompido em meu trabalho três vezes. A primeira vez, faz vinte e dois anos, por um besouro que veio sabe-se lá de onde. Ele fazia um barulho terrível, e cometi quatro erros em uma soma. A segunda vez, faz onze anos, por uma crise de reumatismo. Isso é falta de exercício físico, e também não tenho tempo para passeios. Sou um homem muito ocupado com coisas sérias. A terceira vez... foi por você, agora! Eu dizia, portanto, quinhentos e um milhões...

– Milhões de quê?

O empresário compreendeu que aquele menino não o deixaria em paz tão cedo:

– Milhões dessas coisinhas que costumam aparecer no céu.

– Moscas?

– Lógico que não, essas coisinhas que chamam a atenção.

– Abelhas?

– Não, não! Essas coisinhas douradas que fazem os desocupados sonharem acordados. Mas como eu sou um homem que só se preocupa com coisas sérias, não tenho tempo para sonhar acordado.

– Ah, estrelas?

– Isso mesmo. Estrelas.

– E o que você faz com esses quinhentos milhões de estrelas?

– O total é de quinhentos e um milhões, seiscentos e vinte e dois mil, setecentos e trinta e um. Gosto de ser preciso, pois sou um homem sério.

– E o que você faz com essas estrelas?

– O que faço com elas?

– Sim.

– Nada. Elas são minhas.

– Elas são suas?

– Sim.

– Mas eu conheci um rei que...

– Os reis não têm nada. Eles "reinam" sobre as coisas. É algo muito diferente.

– E o que adianta ter as estrelas?

– Isso me torna um homem rico.

– E o que adianta ser rico?

– Sendo rico, posso comprar outras estrelas que alguém tiver encontrado.

"O raciocínio desse aí", disse o pequeno príncipe consigo mesmo, "é parecido com o do bêbado."

No entanto, fez ainda outras perguntas:

– Como alguém pode ter estrelas?

– De quem elas são? – replicou o empresário, já irritado.

– Não sei. Não são de ninguém.

– Então elas são minhas, porque fui eu quem pensou primeiro em possuí-las.

– E isso é suficiente?

– Lógico! Quando você encontra um diamante que não é de ninguém, ele passa a ser seu. Quando você encontra uma ilha que não pertence a ninguém, ela passa a ser sua. Quando você tem uma ideia antes de todo mundo, você pode patenteá-la: ela é sua. Eu possuo as estrelas, pois nunca ninguém antes de mim teve a ideia de possuí-las.

– É verdade – reconheceu o pequeno príncipe. – E o que você faz com elas?

– Eu as administro. Eu as conto e reconto – explicou o empresário. – É uma tarefa complexa. Mas sou um homem sério!

O pequeno príncipe ainda não se dava por satisfeito.

– Olha, se tenho um lenço de seda, posso usá-lo ao redor do meu pescoço e levá-lo comigo. Se possuo uma flor, posso colher minha flor e levá-la comigo. Mas você não pode colher as estrelas!

– Não, mas eu posso depositá-las no banco.

– Como assim?

– Eu escrevo num pedaço de papel o número de minhas estrelas e depois eu ponho esse papel numa gaveta e a tranco à chave.

– Só isso?

– Isso é o suficiente!

"Que divertido", pensou o pequeno príncipe. "É até bastante poético, mas não parece muito sério."

A visão do pequeno príncipe sobre as coisas sérias era muito diferente da visão dos adultos.

– Eu tenho uma flor – disse ainda o pequeno príncipe – que rego todos os dias. Tenho três vulcões que limpo todas as semanas. Limpo inclusive o vulcão que está extinto, pois nunca se sabe. É bom para os meus vulcões e para a minha flor que eu os possua. Mas você não faz nada de bom para as estrelas...

O empresário abriu a boca mas não encontrou palavras para argumentar, e o pequeno príncipe foi embora daquele planeta.

"Os adultos são, sem dúvida, surpreendentes", dizia para si mesmo o pequeno príncipe, durante a viagem.

XIV

O quinto planeta era muito estranho. Era o menor de todos. Nele só cabiam um lampião e um acendedor de lampiões. O pequeno príncipe não conseguia entender para que serviriam, no meio do universo, num planeta sem casas e sem população, um lampião e um acendedor de lampiões. No entanto, disse consigo mesmo:

"Pode até ser que este homem seja um tolo, mas é menos tolo do que o rei, o vaidoso, o empresário e o bêbado. Pelo menos seu trabalho tem uma razão de ser. Quando acende o lampião é como se fizesse uma nova estrela nascer, ou uma nova flor. E quando apaga o lampião é como se pusesse a flor ou a estrela para dormirem. É uma bela ocupação. E, por ser tão bela, é muito útil também."

Assim que chegou ao planeta, cumprimentou respeitosamente o acendedor de lampiões:

– Bom dia! Por que você acabou de apagar o seu lampião?

– É o que manda o regulamento – respondeu o acendedor. – Bom dia!

– E o que o regulamento manda fazer?

– Manda eu apagar o lampião. Boa noite!

E o acendeu de novo.

– Mas por que você o acendeu agora?

– É o que manda o regulamento – respondeu o acendedor.

– Eu não estou entendendo – disse o pequeno príncipe.

– Não é preciso entender nada – disse o acendedor. – Regulamento é regulamento. Bom dia!

E apagou o lampião.

Depois enxugou a testa com um lenço xadrez vermelho.

– Meu trabalho é terrível. No passado era mais tranquilo. Eu apagava o lampião de manhã e o acendia à noite. Eu tinha o resto do dia para descansar, e o resto da noite para dormir...

– E depois dessa época o regulamento mudou?

– O regulamento não mudou – disse o acendedor – e esse é o meu problema! O planeta começou a girar mais rápido a cada ano, e o regulamento não mudou!

– E o que aconteceu então? – perguntou o pequeno príncipe.

– O que aconteceu é que o planeta agora dá uma volta a cada minuto, e não tenho mais um segundo de descanso. Preciso acender e apagar o lampião uma vez por minuto!

– Que engraçado! Os dias em seu planeta duram apenas um

minuto!

– Engraçado coisa nenhuma! – disse o acendedor. – Já faz um mês que estamos conversando.

– Um mês?

– Sim. Trinta minutos. Trinta dias! Boa noite!

E acendeu o lampião.

O pequeno príncipe o olhou com atenção e gostou daquele acendedor tão fiel ao regulamento. Lembrou-se de quando fazia o sol se pôr várias vezes, simplesmente avançando a cadeira. Na tentativa de ajudar seu amigo, disse:

– Olha, conheço uma forma de você descansar quando quiser...

– Eu sempre quero descansar – disse o acendedor.

Sim, é possível uma pessoa ser trabalhadora e preguiçosa ao mesmo tempo.

O pequeno príncipe prosseguiu:

– Seu planeta é tão pequeno que com três passos você consegue dar a volta nele. Só será preciso andar bem devagar para se manter debaixo do sol. Quando quiser descansar, você andará lentamente... e o dia continuará claro o tempo que desejar.

– Isso não vai adiantar muito – disse o acendedor. – O que eu mais gosto de fazer na vida é dormir.

– Então não tem jeito – disse o pequeno príncipe.

– É, não tem jeito mesmo – disse o acendedor. – Bom dia!

E apagou o lampião.

"Esse homem", pensou o pequeno príncipe enquanto continuava sua longa viagem, "seria desprezado pelos outros, pelo rei, pelo vaidoso, pelo bêbado e pelo empresário. No entanto, ele é o único adulto que não me parece ridículo, talvez porque se dedica a fazer uma coisa sem se preocupar apenas com seus próprios interesses."

Soltou um suspiro de tristeza e concluiu:

"Este é o único adulto que poderia ser meu amigo. Mas seu planeta é pequeno demais, e ali não há lugar para duas pessoas...".

O que o pequeno príncipe não ousava admitir é que gostaria de ter ficado naquele planeta especialmente abençoado pelas mil quatrocentas e quarenta vezes em que o sol se punha num só dia!

XV

O sexto planeta era dez vezes maior do que o anterior. E era habitado por um senhor de muita idade que escrevia em livros enormes.

– Vejam só! Aí temos um explorador! – exclamou ele ao avistar o pequeno príncipe.

O pequeno príncipe sentou-se à mesa. Estava ofegante, pois tinha viajado bastante!

– De onde você vem? – perguntou-lhe o velho senhor.

– Que livro grande é esse? – disse o pequeno príncipe. – E qual é sua atividade?

– Sou um geógrafo – disse o velho senhor.

– E o que é um geógrafo?

– É um estudioso que sabe onde se encontram os mares, os rios, as cidades, as montanhas e os desertos.

– Isso é muito interessante – disse o pequeno príncipe. – Finalmente encontrei um verdadeiro trabalho! – E lançou um olhar ao redor para contemplar o planeta do geógrafo. Nunca tinha visto um planeta tão grande.

– Seu planeta é muito bonito. Existem oceanos nele?

– Não tenho como saber – disse o geógrafo.

– Ah! – (O pequeno príncipe ficou decepcionado.) – E montanhas?

– Não tenho como saber – disse o geógrafo.

– E cidades, e rios, e desertos?

– Também não tenho como saber – disse o geógrafo.

– Mas você não é geógrafo?

– Exatamente – disse o geógrafo – Mas não sou explorador. Estou sem nenhum explorador. Não é o geógrafo que vai explorar as cidades, os rios, as montanhas, os mares, os oceanos e os desertos. O geógrafo é importante demais para ficar passeando por aí. Ele nunca sai do seu escritório. Mas recebe a visita dos exploradores, e lhes faz perguntas, anotando o que eles lembram ter visto. E se o que um explorador lembra parece ser interessante, o geógrafo terá de investigar a idoneidade desse explorador.

– Por quê?

– Porque um explorador que mentisse provocaria catástrofes nos livros de geografia. Também seria desastroso um explorador que bebesse muito.

– Por quê? – indagou o pequeno príncipe.

– Porque os bêbados veem tudo em dobro. E aí o geógrafo anotaria que existem duas montanhas onde na verdade só existe uma.

– Eu conheço alguém – disse o pequeno príncipe – que seria um péssimo explorador.

– É possível. Bem, quando se constata que o explorador tem idoneidade, é feita uma pesquisa sobre sua descoberta.

– Alguém vai até lá?

– Não. Seria muito complicado. Mas pede-se ao explorador que forneça as provas. Se, por exemplo, ele diz que descobriu uma grande montanha, pede-se que ele mostre grandes pedras.

O geógrafo subitamente se calou.

– Mas aqui está você! Você veio de longe, não veio? Logo, você é um explorador! Descreva-me seu planeta!

O geógrafo abriu seu livro de registros e apontou o lápis. Inicialmente anotam-se a lápis os relatos dos exploradores. Antes de se anotar com a caneta, espera-se que o explorador forneça as provas.

– Vamos começar? – interrogou o geógrafo.

– Oh! Meu planeta não tem nada de interessante – disse o pequeno príncipe – é muito pequeno. Tenho três vulcões. Dois vulcões em atividade e um vulcão extinto. Mas nunca se sabe.

– Nunca se sabe – disse o geógrafo.

– Tenho também uma flor.

– As flores nós não anotamos – informou o geógrafo.

– Por que não?! É o que existe de mais belo!

– É que as flores são efêmeras.

– O que significa "efêmera"?

– Os livros de geografia – disse o geógrafo – são os livros mais confiáveis entre todos os livros. Eles nunca ficam desatualizados. É muito raro uma montanha mudar de lugar. É muito raro um oceano se esvaziar. Nós registramos coisas eternas.

– Mas os vulcões extintos podem despertar – interrompeu o

pequeno príncipe. – O que significa "efêmera"?

– Para nós, geógrafos, tanto faz que os vulcões estejam extintos ou ativos – disse o geógrafo. – O mais importante para nós é a montanha. Essa nunca sofre mudanças.

– Mas o que significa "efêmera"? – repetiu o pequeno príncipe que, em toda a sua vida, nunca desistiu de uma pergunta que tivesse feito.

– Significa "uma coisa ameaçada de desaparecer em breve".

– Então minha flor está ameaçada de desaparecer em breve?

– Certamente.

"Minha flor é efêmera", refletiu o pequeno príncipe "e só tem quatro espinhos para se defender do mundo! E eu a deixei sozinha no meu planeta!".

Essa foi sua primeira reação de arrependimento. Mas, recobrando a coragem, perguntou:

– Que planeta você me aconselha visitar?

– O planeta Terra – respondeu-lhe o geógrafo. – Tem uma boa reputação...

E o pequeno príncipe se foi, pensando em sua flor.

XVI

O sétimo planeta foi, portanto, a Terra.

A Terra não é um planeta como outro qualquer. Existem nele cento e onze reis (não se devendo esquecer, é óbvio, os reis negros), sete mil geógrafos, novecentos mil empresários, sete milhões e meio de bêbados, trezentos e onze milhões de vaidosos, ou seja, um total de mais ou menos dois bilhões de adultos.

Para vocês terem uma ideia do tamanho da Terra, devo dizer que antes da invenção da eletricidade era preciso manter, no conjunto dos seis continentes, um verdadeiro exército de quatrocentos e sessenta e dois mil, quinhentos e onze acendedores de lampiões.

Vistos a uma certa distância, todos esses lampiões acendendo produziam um efeito maravilhoso. Os movimentos desse exército de acendedores de lampiões eram ritmados como os de um balé clássico.

Primeiro, era a vez dos acendedores de lampiões da Nova Zelândia e da Austrália. Depois que eles acendiam seus lampiões, todos iam dormir. A seguir, era a vez de entrarem na dança os acendedores de lampiões da China e da Sibéria. E esses também se recolhiam aos bastidores após concluírem sua tarefa. Vinham então os acendedores de lampiões da Rússia e da Índia. Depois os acendedores da África e da Europa. Depois, os da América do Sul. Depois, os da América do Norte. E nenhum deles errava sua hora de entrar em cena. Era fabuloso!

Somente o acendedor do único lampião do Polo Norte e seu colega do único lampião do Polo Sul levavam uma vida de grande ociosidade e indolência: trabalhavam apenas duas vezes por ano.

XVII

Quando queremos impressionar alguém, acabamos, às vezes, mentindo um pouco. Não fui muito sincero com vocês ao falar dos acendedores de lampiões. É bem provável que eu tenha dado uma falsa ideia sobre o nosso planeta para aqueles que não o conhecem. Na verdade, os seres humanos não ocupam tanto espaço assim na Terra. Se os dois bilhões de habitantes que povoam a Terra se juntassem um ao lado do outro como se fossem fazer um comício, caberiam facilmente numa praça pública de trinta quilômetros de comprimento por trinta quilômetros de largura. Poderíamos amontoar a humanidade inteira numa ilhazinha do oceano Pacífico.

É claro que os adultos não acreditarão nisso. Eles acham que precisam ocupar um espaço muito grande. Eles se consideram importantes como os baobás. Então vocês terão de aconselhar os adultos a fazerem as contas. Como eles adoram números, ficarão contentes com essa tarefa. Mas vocês não percam tempo fazendo contas. É inútil. Basta confiarem em mim.

Ao chegar à Terra, portanto, o pequeno príncipe ficou muito surpreso por não ver ninguém. Ele já receava ter errado de planeta, quando um anel da cor da lua se moveu na areia.

– Boa noite – disse o pequeno príncipe, por via das dúvidas.

– Boa noite – respondeu a serpente.

– Em que planeta eu desci? – perguntou o pequeno príncipe.

– Na Terra, mais precisamente na África – respondeu a serpente.

– Ah!... E não mora ninguém na Terra?

– Estamos no deserto, e nos desertos não há ninguém. A Terra é grande – disse a serpente.

O pequeno príncipe sentou-se numa pedra e olhou para o céu:

– Eu fico pensando – disse ele – se as estrelas não brilham justamente para que cada pessoa reencontre a sua um dia. Olhe o meu planeta. Ele está agora exatamente sobre nós... Mas como está longe!

– Belo planeta! – disse a serpente. – O que você veio fazer aqui?

– Tive problemas com uma flor – disse o pequeno príncipe.

– Ah! – exclamou a serpente.

E os dois se calaram.

– Onde estão os seres humanos? – retomou enfim o pequeno príncipe. – É meio solitário aqui no deserto...

– Também existe solidão entre os seres humanos – disse a serpente.

O pequeno príncipe observou a serpente durante um bom tempo:

– Você é um bicho engraçado – disse ele –, fino como um dedo...

– Mas sou mais poderosa do que o dedo de um rei – disse a serpente.

O pequeno príncipe sorriu:

– Você não tem tanto poder assim... nem patas você tem... você não conseguiria viajar para muito longe...

– Posso levar você mais longe do que um navio – disse a serpente.

A serpente enroscou-se no tornozelo do pequeno príncipe como um bracelete de ouro:

– Aquele que eu toco retorna à terra de onde veio – prosseguiu a serpente. – Mas você é puro, e veio de uma estrela...

O pequeno príncipe nada respondeu.

– Sinto pena de você. Você aí, tão frágil, nesta Terra de granito. Posso ajudá-lo se um dia você sentir muita saudade do seu planeta. Posso...

– Oh! Já entendi – disse o pequeno príncipe –, mas por que você fala sempre por enigmas?

– Eu decifro todos os enigmas – disse a serpente.

E os dois ficaram em silêncio.

XVIII

O pequeno príncipe atravessou o deserto e só encontrou uma flor. Uma flor de três pétalas, uma florzinha de nada...

– Bom dia – disse o pequeno príncipe.

– Bom dia – disse a flor.

– Onde estão os seres humanos? – perguntou o pequeno príncipe educadamente.

Certa vez, a flor tinha visto passar por ali uma caravana:

– Os seres humanos? Acho que existem uns seis ou sete. Eu os vi faz alguns anos. Mas é muito difícil encontrá-los. O vento os leva para todos os lados. Eles não têm raízes, o que é um grande problema.

– Adeus! – disse o pequeno príncipe.

– Adeus! – disse a flor.

XIX

O pequeno príncipe escalou uma montanha bem alta. As únicas montanhas que ele conhecia até então eram os três vulcões, que chegavam à altura dos seus joelhos. E ele usava o vulcão extinto como um banquinho para se sentar. "De uma montanha tão alta como esta", pensou consigo mesmo, "poderei ver o planeta inteiro e descobrir onde estão os seres humanos...". Mas só conseguiu ver outras montanhas pontiagudas, que pareciam grandes agulhas.

– Bom dia – disse ele, por via das dúvidas.

– Bom dia... bom dia... bom dia... – respondeu o eco.

– Quem são vocês? – disse o pequeno príncipe.

– Quem são vocês... quem são vocês... quem são vocês... – respondeu o eco.

– Sejam meus amigos, porque estou muito sozinho – disse ele.

– Sozinho... sozinho... sozinho... – respondeu o eco.

"Que planeta engraçado!", refletiu o pequeno príncipe. "Ele é todo árido, quente e pontiagudo. E os seres humanos não têm imaginação. Só repetem o que os outros dizem... No meu planeta eu tinha uma flor, e ela sempre falava antes de mim...".

XX

Mas aconteceu que o pequeno príncipe, depois de muito andar através de areias, rochas e campos de neve, descobriu afinal um caminho. E todos os caminhos levam aos seres humanos.

– Bom dia! – disse ele.

Era um jardim repleto de rosas.

– Bom dia! – disseram as rosas.

O pequeno príncipe as observou. Elas eram muito parecidas com a sua flor.

– Quem são vocês? – perguntou ele, surpreso.

– Nós somos rosas – responderam as rosas.

– Ah! – exclamou o pequeno príncipe.

E ficou profundamente triste. Sua flor tinha lhe falado que era a única de sua espécie em todo o universo. E agora estavam na sua frente cinco mil flores muito parecidas com ela, num único jardim!

"Ela ficaria tão envergonhada se visse isto...", pensou ele. "Provavelmente começaria a tossir de modo exagerado, e até fingiria estar morrendo para escapar do ridículo. E eu teria que fingir preocupação e cuidar dela porque, caso contrário, para me humilhar também, seria capaz de morrer de verdade...".

E ainda disse consigo mesmo: "Eu me considerava rico por ter uma flor única, e na verdade eu tenho uma flor como outra qualquer. Ela, e meus três vulcões que mal chegam à altura dos meus joelhos, sendo que um deles talvez esteja extinto para sempre... nada disso faz de mim um grande príncipe...". E, deitado na relva, ele chorou.

XXI

Foi então que apareceu a raposa:

– Bom dia – disse a raposa.

– Bom dia – respondeu educadamente o pequeno príncipe, que se voltou mas não viu ninguém.

– Eu estou aqui – disse a voz – debaixo da macieira...

– Quem é você? – perguntou o pequeno príncipe. – Você é muito bonita...

– Sou uma raposa – disse a raposa.

– Vem brincar comigo – pediu o pequeno príncipe. – Estou tão triste...

– Não posso brincar com você – disse a raposa. – Ninguém me cativou ainda.

– Ah, desculpe! – exclamou o pequeno príncipe.

Mas, depois de refletir um pouco, perguntou:

– O que significa "cativar"?

– Você não é daqui, não é? – disse a raposa. – O que está procurando?

– Procuro seres humanos – respondeu o pequeno príncipe. – O que significa "cativar"?

– Os seres humanos – disse a raposa – têm armas e caçam animais. Isso é detestável! E também criam galinhas. Criar galinhas é a única coisa interessante que eles sabem fazer. Você procura galinhas?

– Não – disse o pequeno príncipe – eu procuro amigos. Mas o que significa "cativar"?

– É uma coisa praticamente esquecida por todo mundo – disse a raposa. – Significa "criar laços"... – Criar laços?

– Isso mesmo! – disse a raposa. – Você, para mim, ainda não passa de um menino semelhante a milhares de outros meninos. Eu não tenho necessidade de você. E você também não tem necessidade de mim. Eu, para você, ainda não passo de uma raposa semelhante a milhares de outras raposas. Mas se você me cativar, nós teremos necessidade um do outro. Você será o único menino do mundo para mim. E eu serei para você a única raposa do mundo...

– Começo a compreender – disse o pequeno príncipe. – Existe uma flor... e eu acho que ela me cativou...

– É bem possível – disse a raposa. – Na Terra acontece de tudo...

– Oh! Isso não aconteceu na Terra – disse o pequeno príncipe.

A raposa, intrigada, perguntou:

– Isso aconteceu em outro planeta?

– Sim.

– E existem caçadores nesse outro planeta?

– Não.

– Isso é muito interessante! E existem galinhas por lá?

– Não.

– Nada é perfeito – suspirou a raposa.

Mas a raposa retomou sua história:

– Minha vida é bem monótona. Eu caço as galinhas e os homens me caçam. Todas as galinhas são parecidas, e todos os homens são parecidos. Tudo isso me cansa um pouco. No entanto, se você me cativar, minha vida se encherá de luz. O som dos seus passos será para mim diferente de todos os outros. Ao ouvir o som dos outros passos irei me esconder em algum buraco. Já o som dos seus passos me chamará para fora da toca, como se fosse uma música. E observe outra coisa! Está vendo, lá longe, os campos de trigo? Eu não como pão. O trigo para mim não tem nenhum valor. Os campos de trigo não me dizem nada. E isso é triste! Mas você tem cabelos dourados. Então será maravilhoso quando você me cativar! O trigo, que é dourado, me fará lembrar de você. Será muito bom ouvir o som do vento no trigo...

A raposa se calou e observou o pequeno príncipe por um bom tempo:

– Por favor... me cative! – disse ela.

– Eu gostaria muito – respondeu o pequeno príncipe – mas não tenho muito tempo. Tenho amigos para descobrir e muitas coisas para conhecer.

– Só podemos realmente conhecer as coisas que cativamos – disse a raposa. – Os seres humanos não têm mais tempo para conhecer coisa nenhuma. Eles compram dos vendedores coisas que já vêm prontas. Mas como os vendedores não vendem amigos, os seres humanos não têm mais amigos. Se você quiser um amigo, me cative!

– O que preciso fazer? – perguntou o pequeno príncipe.

– Precisará ter muita paciência – respondeu a raposa. – Você primeiramente se sentará um pouco longe de mim, como agora, na relva. Eu ficarei olhando para você com o canto dos olhos e você não dirá nada. A linguagem é fonte de muitos mal-entendidos. A cada dia, porém, você se sentará um pouco mais perto...

No dia seguinte, o pequeno príncipe voltou.

– Teria sido melhor você ter voltado na mesma hora de ontem – disse a raposa. – Se você vier sempre, por exemplo, às quatro horas da tarde, desde as três horas eu começarei a ser feliz. Quanto mais a hora avançar, mais feliz eu me sentirei. Às quatro horas, então, já estarei muito agitada e inquieta: terei descoberto o valor da felicidade! Mas se você vier a qualquer hora, eu nunca saberei em que momento devo preparar meu coração... Os ritos são fundamentais.

– O que é um rito? – perguntou o pequeno príncipe.

– É outra coisa também muito esquecida – disse a raposa. – É o que faz um dia ser diferente dos outros dias, e uma hora ser diferente das outras horas. Existe um rito, por exemplo, na vida dos meus caçadores. Eles dançam todas as quintas-feiras com as moças do vilarejo. E por isso toda quinta-feira é um dia maravilhoso! Nesse dia, eu posso passear no vinhedo. Se os caçadores dançassem em qualquer dia da semana, todos os dias seriam iguais, e eu nunca tiraria férias.

E foi assim que o pequeno príncipe cativou a raposa. Mas se aproximou a hora da despedida, e a raposa disse:

– Ah! Eu vou chorar.

– Culpa sua – disse o pequeno príncipe. – Eu não queria que você sofresse, mas você quis que eu a cativasse...

– É verdade – disse a raposa.

– E agora você vai chorar! – disse o pequeno príncipe.

– É verdade – disse a raposa.

– Então você não ganhou nada com isso!

– Ganhei, sim – disse a raposa – graças à cor do trigo.

E acrescentou depois:

– É hora de você rever as rosas. E então você compreenderá que sua flor é a única flor do mundo. Quando voltar para me dizer adeus, eu lhe darei um segredo como presente.

O pequeno príncipe foi rever as rosas:

– Vocês não são nem um pouco parecidas com a minha rosa. Vocês ainda não são nada – disse ele – porque ninguém as cativou e vocês também não cativaram ninguém. Vocês ainda são como a minha raposa era antes. Antes, ela era parecida com milhares de outras raposas, mas agora, por ser minha amiga, tornou-se para mim a única raposa do mundo.

As rosas ficaram aborrecidas com aquelas palavras.

– Vocês são belas, mas são vazias – prosseguiu o pequeno príncipe. – Ninguém terá motivos para morrer por vocês. É claro que um transeunte qualquer, vendo a minha flor, pensaria que ela é igual a vocês. Mas ela é muito mais importante do que todas vocês juntas porque foi ela que eu reguei, porque foi ela que eu coloquei dentro da redoma de vidro, porque foi ela que eu protegi do vento com o biombo, porque foi por causa dela que eu matei as lagartas (só deixando duas ou três para que se tornassem borboletas), porque foram dela as queixas que eu vivia escutando, foram dela as frases cheias de vaidade, ou mesmo o silêncio. Ela é a minha rosa.

E o pequeno príncipe voltou para se despedir da raposa:

– Adeus! – disse ele.

– Adeus! – disse a raposa. – E aqui está o meu segredo, que é muito simples: só conseguimos ver bem com o coração. O essencial é invisível aos olhos.

– O essencial é invisível aos olhos – repetiu o pequeno príncipe, para não se esquecer.

– Foi o tempo que você perdeu com sua rosa que tornou a sua rosa tão importante.

– Foi o tempo que perdi com minha rosa... – repetiu o pequeno príncipe para não se esquecer.

– Os seres humanos esqueceram esta verdade – disse a raposa. – Mas você não deve esquecê-la. Você se torna para sempre responsável por aquilo que cativou. Você é responsável por sua rosa...

– Eu sou responsável por minha rosa... – repetiu o pequeno príncipe, para não esquecer.

XXII

– Bom dia – disse o pequeno príncipe.

– Bom dia – disse o manobrista ferroviário.

– Qual é a sua atividade? – perguntou o pequeno príncipe.

– Eu separo os viajantes em grupos de mil – disse o manobrista ferroviário – e despacho os trens que os conduzirão, às vezes para a direita, às vezes para a esquerda...

Naquele momento, veio um trem expresso, reluzente, rugindo como o trovão, e estremeceu a cabine do manobrista ferroviário.

– Quanta pressa! – observou o pequeno príncipe. – O que eles estão procurando?

– Nem o próprio condutor da locomotiva sabe – disse o manobrista ferroviário.

E, de repente, no sentido inverso, rugiu um segundo trem reluzente.

– Eles voltam tão rápido assim? – perguntou o pequeno príncipe.

– Não são os mesmos trens – disse o manobrista ferroviário. – Houve uma troca.

– Os passageiros não estavam contentes lá?

– Ninguém está contente no lugar onde está – disse o manobrista ferroviário.

E um terceiro trem reluzente rugiu como um trovão.

– Esses passageiros estão correndo atrás dos que embarcaram antes? – indagou o pequeno príncipe.

– Ninguém corre atrás de nada – disse o manobrista ferroviário. – Estão dormindo ou bocejando lá dentro. Só as crianças estão acordadas, com o nariz grudado no vidro das janelas.

– Só as crianças sabem o que procuram – disse o pequeno príncipe. – Ficam horas e horas brincando com uma boneca de pano, que se torna muito importante para elas, e se alguém lhes tira a boneca das mãos, não param mais de chorar...

– Elas é que são felizes – concluiu o manobrista ferroviário.

XXIII

– Bom dia – disse o pequeno príncipe.

– Bom dia – disse o vendedor.

Era um vendedor de pílulas inventadas para matar a sede. Basta a pessoa engolir uma dessas pílulas por semana e não terá mais necessidade de beber água.

– Por que você vende isso? – perguntou o pequeno príncipe.

– É uma grande economia de tempo – disse o vendedor. – Os especialistas já fizeram os cálculos. Com esta pílula uma pessoa economiza cinquenta e três minutos por semana.

– E o que uma pessoa pode fazer com esses cinquenta e três minutos?

– Ela pode fazer o que bem entender...

"Se eu tivesse cinquenta e três minutos para gastar", refletiu o pequeno príncipe, "eu andaria calmamente até uma fonte de água fresca...".

XXIV

Já estávamos no oitavo dia do meu pouso forçado no deserto. Depois de escutar a história do vendedor enquanto sorvia a última gota de minha reserva de água, eu disse ao pequeno príncipe:

– Ah! Suas lembranças são muito interessantes, mas ainda tenho de consertar o meu avião, a água acabou e eu também ficaria muito feliz se pudesse andar calmamente até uma fonte de água fresca!

– Minha amiga raposa... – ele começou a dizer.

– Meu menino, falar de raposas não vai adiantar nada!

– Por quê?

– Porque vamos morrer de sede...

Ele não compreendeu meu raciocínio, e respondeu:

– É bom termos amigos, mesmo se vamos morrer. Por mim, estou feliz por ter tido uma amiga como a raposa...

"Ele não tem a menor noção do perigo", pensei, "porque nunca sente fome ou sede. Um pouco de sol lhe basta...".

Mas ele me olhou e respondeu ao meu pensamento:

– Eu tenho sede também... vamos procurar um poço d'água...

Fiz um gesto de desânimo: é absurdo procurar um poço d'água ao acaso, na imensidão do deserto. No entanto, mesmo assim começamos a caminhar.

Depois de algumas horas caminhando em silêncio, a noite caiu, e as estrelas começaram a brilhar. Eu as contemplava como se estivesse sonhando, meio febril por causa da sede. As palavras do pequeno príncipe dançavam em minha memória:

– Então você também tem sede, é? – eu lhe perguntava.

Mas ele não respondeu à minha pergunta. Disse-me simplesmente:

– A água também pode ser boa para o coração...

Não compreendi sua resposta mas me calei... Eu já sabia que era inútil lhe pedir explicações.

Ele estava exausto. Sentou-se. Sentei-me ao seu lado. E depois de algum tempo em silêncio, ele me disse:

– As estrelas são belas por causa de uma flor que não se pode ver...

– É mesmo. – E, sem falar mais nada, fiquei observando as ondulações da areia à luz do luar.

– O deserto é bonito... – ele acrescentou.

E era verdade. Eu sempre gostei do deserto. Podemos sentar sobre uma duna de areia. Não há nada para ver. Nada para ouvir. E no entanto alguma coisa irradia na areia, em silêncio...

– O que faz o deserto ser bonito – disse o pequeno príncipe – é que ele esconde um poço d'água em algum lugar...

Fiquei surpreso ao compreender subitamente a misteriosa irradiação da areia. Quando eu era menino, morava numa casa antiga, e dizia uma lenda que havia um tesouro enterrado debaixo da casa. Certamente nunca foi encontrado, talvez ninguém sequer tentou procurá-lo. Mas esse tesouro encantava aquela casa. Minha casa escondia um segredo no fundo de seu coração...

– Sim – disse eu ao pequeno príncipe –, o que faz uma casa ser bonita, ou as estrelas ou o deserto serem bonitos, é invisível!

– Fico feliz – disse ele – por você concordar com a minha raposa.

Tendo o pequeno príncipe adormecido, tomei-o nos braços e

voltei a caminhar. Eu estava emocionado. Eu me via carregando um tesouro muito frágil. Não havia nada mais frágil sobre a Terra. À luz da lua, eu olhava seu rosto pálido, seus olhos fechados, as mechas de seu cabelo agitadas pelo vento, e pensava comigo: "O que vejo é só uma casca. O mais importante é invisível...".

Seus lábios entreabertos esboçavam um sorriso, e eu ainda disse para mim mesmo: "O que mais me comove neste pequeno príncipe adormecido é sua fidelidade a uma flor, é a imagem de uma rosa que brilha nele como a chama de uma lamparina, mesmo estando ele dormindo...". E eu o senti ainda mais frágil. É preciso proteger a chama das lamparinas: um sopro de vento pode apagá-la...

E foi caminhando assim que, ao nascer do dia, descobri o poço d'água.

XXV

– Os seres humanos – disse o pequeno príncipe – embarcam num trem expresso, mas depois já não sabem o que estão procurando. E por isso começam a se agitar e dão mil voltas sem saber para onde ir...

E acrescentou:

– Nada disso vale a pena...

O poço d'água que descobrimos não se parecia em nada com os poços do deserto do Saara. Os poços do Saara são simples buracos cavados na areia. Já aquele poço era semelhante aos poços dos vilarejos. Mas não existiam vilarejos ali. Era como se eu estivesse sonhando.

– Estranho – eu disse ao pequeno príncipe. – Está tudo pronto para ser usado: a roldana, o balde e a corda...

Ele riu, pegou a corda e fez a roldana girar. E a roldana gemeu como geme um velho cata-vento quando o vento bate depois de ter passado um bom tempo adormecido.

– Está ouvindo? – disse o pequeno príncipe. – Despertamos este poço, e ele começou a cantar...

Eu não queria que ele fizesse esforço nenhum:

– Deixe-me fazer isso – eu disse. – É pesado demais para você.

Fui içando o balde lentamente até a borda do poço e o deixei bem aprumado. Em meus ouvidos continuava ressoando o canto da roldana, e na água que ainda tremulava eu vi tremular o sol.

– Tenho sede dessa água – disse o pequeno príncipe – deixe-me bebê-la...

E entendi o que ele estava procurando!

Levantei o balde até seus lábios. Ele bebeu de olhos fechados, como se estivesse saboreando um momento de festa. Aquela água não era uma água comum. Ela havia nascido da caminhada sob as estrelas, do canto da roldana, do esforço de meus braços. Era boa para o coração, como um presente. Quando eu era menino, as luzes da árvore de Natal, a música da missa da meia-noite, a doçura dos sorrisos, tudo isso fazia brilhar meu presente de Natal.

– Os seres humanos, neste seu planeta – disse o pequeno príncipe –, cultivam cinco mil rosas num mesmo jardim... e nem aí encontram o que procuram...

– Não, não encontram... – respondi.

– E, no entanto, o que eles procuram poderia ser encontrado numa única rosa ou num pouco de água...

– É verdade – respondi.

E o pequeno príncipe acrescentou:

– Mas os olhos são cegos. É preciso procurar com o coração.

Depois que bebi daquela água, voltei a respirar melhor. A areia, ao raiar do dia, tem a cor do mel. E contemplar ali a cor do mel também me fazia feliz. Mas por que, ao mesmo tempo, eu experimentava uma certa aflição?

– Você precisa cumprir sua promessa – o pequeno príncipe sussurrou em meu ouvido, sentado de novo ao meu lado.

– Que promessa?

– Você sabe... uma focinheira para meu carneiro... Eu sou responsável por aquela flor!

Tirei do bolso os esboços dos meus desenhos... O pequeno príncipe olhou para eles e disse, rindo:

– Seus baobás mais parecem repolhos...

– Oh! – e eu que estava tão orgulhoso dos meus baobás!

– Sua raposa tem orelhas que parecem chifres... e estão compridas demais!

E ele voltou a rir.

– Você está sendo injusto comigo, menino! Até agora eu só sabia desenhar jiboias fechadas e jiboias abertas.

– Oh, fique tranquilo! – disse ele. – As crianças vão compreender.

Desenhei então uma focinheira. Mas senti um aperto no coração quando a entreguei ao pequeno príncipe:

– Você tem planos que eu desconheço...

Mas ele não respondeu, e disse:

– Sabe minha descida aqui na Terra? Então... amanhã completará um ano...

Depois de um silêncio, ele continuou:

– Eu desci perto daqui...

E ficou ruborizado.

De novo, sem compreender o motivo, senti uma estranha apreensão. E me veio uma pergunta:

– Então não foi por acaso que, na manhã em que o conheci, faz oito dias, você caminhava sozinho, a milhares de quilômetros de qualquer região habitada! Você voltava ao mesmo ponto em que tinha descido, não foi?

O pequeno príncipe ficou ainda mais corado.

E, hesitando um pouco, acrescentei:

– Foi por causa do aniversário, talvez?...

O pequeno príncipe ficou ruborizado de novo. Ele nunca respondia às minhas perguntas, mas quando uma pessoa fica ruborizada significa que a resposta é "sim", não é?

– Ah! Tenho medo de que... – eu disse.

Mas ele me interrompeu:

– Você agora deve trabalhar. Precisa regressar para a sua máquina. Eu o espero aqui. Volte amanhã à noite...

Mas eu não estava tranquilo. Lembrava-me da raposa. Corremos o risco de chorar um pouco quando nos deixamos cativar...

XXVI

Ao lado do poço d'água havia um velho muro de pedra em ruínas. Quando voltei do meu trabalho, na tarde do dia seguinte, percebi de longe meu pequeno príncipe sentado lá no alto, balançando as pernas. E o escutei falando:

– Mas você não se lembra? Não, não foi neste lugar.

Uma outra voz certamente lhe respondeu alguma coisa, porque o pequeno príncipe replicou:

– Sim! Sim! Foi hoje, sim, mas não foi aqui...

Continuei andando em direção ao muro, mas não enxergava nem ouvia ninguém, a não ser o pequeno príncipe, que replicou novamente:

– ... Certo. Você verá na areia as primeiras marcas dos meus passos. É só me esperar. Estarei lá esta noite.

Eu já estava a vinte metros do muro mas não enxergava ninguém ali.

Após um breve silêncio, o pequeno príncipe falou ainda:

– O seu veneno é bom mesmo? Você tem certeza que não me fará sofrer por muito tempo?

Eu estanquei, o coração apertado, mas ainda não compreendia o que estava acontecendo.

– Agora, vá embora... – disse ele. – Quero descer de novo!

Então baixei os olhos até o pé do muro, e pulei de susto! Lá estava ela, erguida diante do pequeno príncipe, uma dessas serpentes amarelas que matam uma pessoa em trinta segundos. Acelerei o passo, enquanto procurava o revólver no bolso. A serpente, porém, ouvindo o barulho que eu fiz, deixou-se escorregar para a areia, como um fio de água prestes a desaparecer e, sem muita pressa, deslizou por entre as pedras com um leve ruído de metal.

Cheguei perto do muro a tempo de segurar nos braços meu pequenino príncipe, pálido como a neve.

– Que história é essa de você agora conversar com serpentes?!

Desfiz o nó do seu eterno cachecol dourado. Molhei suas têmporas e fiz com que bebesse alguns goles de água. Eu já não tinha coragem de lhe perguntar mais nada. Com o olhar muito sério, ele me envolveu o pescoço com os braços. Senti seu coração bater como o de um pássaro que estivesse morrendo, atingido pelo tiro de uma carabina. E ele me disse:

– Estou feliz por você ter conseguido consertar sua máquina. Agora poderá voltar para casa...

– Como você sabe?

Eu tinha ido justamente contar a ele que, contrariando todas as expectativas, conseguira terminar meu trabalho!

Ele não respondeu à minha pergunta, mas acrescentou:

– E hoje eu também voltarei para minha casa...

Disse ainda, melancólico:

– É muito mais longe... muito mais difícil...

Eu pressentia nitidamente que alguma coisa extraordinária iria acontecer. Apertei-o nos braços como se faz com uma criancinha, mas me parecia que ele estava caindo verticalmente num abismo sem que eu nada pudesse fazer para impedir...

Ele estava compenetrado, o olhar perdido na distância:

– Eu tenho seu carneiro. E tenho a caixa para o carneiro. E tenho a focinheira...

E sorriu, cheio de tristeza.

Esperei durante um bom tempo. Seu corpo pouco a pouco foi recuperando a temperatura normal:

– Meu pequenino, você deve ter sentido muito medo...

Ele tinha sentido muito medo, sem dúvida. Mas sorriu docemente:

– Sentirei muito mais medo esta noite...

De novo experimentei a fria sensação do inevitável. E compreendi que não suportaria a ideia de nunca mais ouvir aquele riso, que era para mim uma fonte de água fresca no deserto.

– Meu pequenino, quero ouvir seu riso sempre...

Mas ele me disse:

– Nesta noite, fará um ano. Minha estrela estará exatamente aqui, sobre o lugar em que desci no ano passado...

– Meu pequenino, essa história de serpente, de encontro marcado e de estrela, não será tudo isso apenas um sonhou mau?

Mas ele não respondeu. E disse:

– O que é importante é invisível...

– É verdade...

– É como no caso da flor. Se você ama uma flor que se encontra numa estrela, é muito bom olhar para o céu à noite. Todas as estrelas estarão floridas.

– É verdade...

– É como no caso da água. Aquela água que você me deu para beber era como uma música por causa da roldana e da corda... Você se lembra? Aquela água era tão boa!

– É verdade.

– À noite, você olhará as estrelas. Minha estrela é tão pequena que você não consegue enxergá-la daqui. Melhor assim. Minha estrela será para você qualquer uma das estrelas. E então você gostará de contemplar todas as estrelas... Todas elas serão suas amigas. E em breve eu lhe darei um presente...

Riu ainda uma vez.

– Ah, meu pequenino! Meu pequenino! Gosto tanto de ouvir seu riso!

– Este será o meu presente... será como no caso da água...

– O que você quer dizer com isso?

– Cada um vê as estrelas de forma diferente. Para os viajantes, as estrelas são pontos de referência. Para outras pessoas, as estrelas são apenas umas luzinhas no céu. Para os estudiosos, são objetos de pesquisa. Para o empresário que eu conheci, são como ouro. A nenhum deles, porém, as estrelas dizem alguma coisa. Você terá as estrelas como ninguém as teve até hoje...

– O que você quer dizer com isso?

– Quando você olhar o céu, à noite, eu estarei numa dessas estrelas, e estarei rindo. Nessa hora, você sentirá todas as estrelas rindo também. Para você, as estrelas sabem rir!

Riu ainda uma vez.

– E quando você já estiver conformado (sempre acabamos nos conformando com o passar do tempo), ficará feliz por ter me conhecido. Você será sempre meu amigo. E terá vontade de rir comigo. E abrirá sua janela às vezes, por nada... apenas para sentir essa alegria... E seus amigos ficarão espantados vendo você rir enquanto olha para o céu. E então você dirá: "Sim, as estrelas sempre me fazem rir!". E eles pensarão que você enlouqueceu. Preparei uma boa brincadeira para você, não foi?

E riu de novo.

– É como dar a você, em lugar das estrelas, um monte de chocalhos que sabem rir.

Riu mais uma vez. Depois voltou a ficar sério:

– Esta noite... você sabe... não é para você vir.

– Eu não deixarei você sozinho.

– Pode parecer que estarei sofrendo... Pode parecer que estarei morrendo. E será assim mesmo. Não venha me ver, não vale a pena...

– Eu não deixarei você sozinho.

Mas ele continuava preocupado.

– Eu lhe peço isso... também por causa da serpente. Para que ela não morda você... As serpentes são más. Podem querer morder por puro prazer...

– Eu não deixarei você sozinho.

Mas de repente uma ideia o tranquilizou:

– Pensando bem, elas não têm veneno suficiente para uma segunda mordida...

Naquela noite, não o vi quando ele começou a caminhar. Ele se foi sem fazer barulho. Quando consegui alcançá-lo, ele andava decidido, com passos rápidos. Ele me disse apenas:

– Ah, você está aí...

E me tomou pela mão. Mas ainda carregava uma preocupação:

– Você errou em ter vindo. Você sofrerá. Pode parecer que eu morri, mas não será verdade...

Eu permanecia calado.

– Compreenda uma coisa: é muito longe daqui. Não posso levar este corpo. É pesado demais.

Eu permanecia calado.

– Será como uma velha casca abandonada. Não é tão triste assim ver cascas velhas...

Eu permanecia calado.

Ele ficou um pouco desanimado, mas fez um novo esforço para

me convencer:

– Será bonito, você vai ver. Eu também olharei as estrelas. Todas as estrelas serão poços d'água com uma roldana enferrujada. Todas as estrelas me darão de beber...

Eu permanecia calado.

– Será tão divertido! Você terá quinhentos milhões de chocalhos sorrindo, e eu terei quinhentos milhões de fontes de água fresca...

E ele se calou também, porque estava chorando...

– É aqui. Deixe-me dar este último passo sozinho.

E se sentou, porque sentia medo. E me disse ainda:

– Você sabe... minha flor... eu sou responsável por ela! E ela é tão frágil! E é tão ingênua. Ela só tem quatro espinhos para se proteger contra o mundo...

Eu me sentei porque já não podia me aguentar de pé. Ele disse:

– Pronto... Acabou...

Ele hesitou um pouco ainda, e se levantou. Deu um passo. Eu sequer conseguia me mexer.

Vi apenas um brilho amarelo perto do seu tornozelo. Durante um instante ele ficou totalmente imóvel. Não gritou. E então caiu suavemente como uma árvore sendo derrubada. Não fez nenhum barulho, por causa da areia.

XXVII

Agora já se passaram seis anos... Eu nunca havia contado esta história para ninguém. Os companheiros que me viram voltar são e salvo ficaram felizes com meu retorno. Eu estava triste, mas lhes dizia:

– Ainda me sinto muito cansado...

Agora já estou conformado. Quer dizer... mais ou menos. Sei, é claro, que ele voltou para seu planeta, pois não encontrei seu corpo ao amanhecer. Não era um corpo tão pesado assim... E gosto de escutar as estrelas à noite. É como ouvir quinhentos milhões de chocalhos...

Mas ocorreu uma coisa inesperada. Esqueci de colocar uma correia de couro na focinheira que desenhei para o pequeno príncipe! Ele não conseguirá colocá-la no carneiro. E então eu me pergunto: "O que será que aconteceu no planeta dele? Talvez o carneiro tenha comido a flor...".

Eu às vezes digo a mim mesmo: "Ele certamente não a comeu! Todas as noites o pequeno príncipe protege sua flor, colocando-a dentro da redoma de vidro, e vigia atentamente seu carneiro...". Então me sinto feliz. E todas as estrelas riem docemente.

Mas às vezes eu penso o contrário: "É comum as pessoas se distraírem, e basta isso para dar tudo errado! Pode ser que, certa noite, ele tenha esquecido de colocar a redoma de vidro, ou talvez o carneiro tenha escapado no meio da escuridão sem fazer barulho...". Nessa hora, os chocalhos se transformam em lágrimas!...

Temos assim um grande mistério. Para vocês, que também amam o pequeno príncipe, e para mim, o universo não será igual, caso um carneiro que não conhecemos, onde quer que esteja, tenha ou não comido uma rosa...

Olhem o céu. Perguntem a si mesmos: "O carneiro comeu ou não a flor?". E vocês verão como tudo muda, dependendo da resposta...

E nenhum adulto jamais compreenderá como isso é realmente importante!

Antoine de Saint-Exupéry

Nascido a 29 de junho de 1900 em Lyon, França, Antoine Jean-Baptiste Marie Roger Foscolombe, conde de Saint-Exupéry foi um piloto, escritor e ilustrador. Filho de uma família da nobreza francesa, teve educação católica em colégio jesuíta e marista.

Embora seja bastante conhecido pelo clássico "O Pequeno Príncipe", escrito em 1943 em Nova Iorque, Estados Unidos, onde vivia exilado devido a guerra, Saint-Exupéry também escreveu diversos artigos para jornais e revistas, além de outras obras, podendo ser destacadas as seguintes: "O Aviador" (1926), "Voo Noturno" (1931) e "Terra dos Homens" (1939) e "Cidadela", obra inacabada, mas publicada postumamente em 1948.

Obteve o brevê de aviador quando servia o exército em 1921 no regimento de aviação de Estrasburgo. Sua função como aviador foi além do serviço militar. Em 1926 foi contratado pela companhia Aéropostale (Compagnie Générale Aéropostale), um novo empreendimento, responsável pelo transporte de correspondências e mercadorias de Toulouse, França a Senegal, na África. Em 1929 foi nomeado chefe da Aéropostale na Argentina, tendo como principal responsabilidade a criação da linha aérea da Patagônia. Neste período esteve muitas vezes em várias localidades do Brasil, mas com maior frequência em Florianópolis, onde havia uma base para voos.

Em 7 de abril de 1930 foi agraciado pela Ordem Nacional da Legião de Honra, mais importante comenda do governo francês.

Antoine de Saint-Exupéry desapareceu quando pilotava seu avião, um Lightning P-38, ao ser derrubado, durante uma missão de reconhecimento, na região de Marselha, sul da França no dia 31 de julho de 1944. Embora seu corpo nunca tenha sido encontrado, os destroços de sua aeronave foram descobertos em 2004 e hoje se encontram expostos no Museu do Ar e do Espaço no Aeroporto de Le Bourget, França.

Regra de São Bento

Tradução:
Monjas da Abadia de Santa Maria de São Paulo

"Quem quer a vida e deseja ver dias felizes?"
(Prólogo da Regra de São Bento)

De diversas maneiras, conscientes ou não, estamos todos em busca da vida. E buscar a vida é buscar a Deus.
Por que a Regra de São Bento, escrita no século VI, nos leva a encontrar a vida, a viver dias felizes?
Entre outros aspectos destacamos a sua real humanidade; por isso pode ser vivida por pessoas frágeis e por pessoas fortes, jovens e idosos, intelectuais e de inteligência prática, religiosos e leigos e sua profunda espiritualidade, baseada na Sagrada Escritura e na tradição monástica, é guia seguro, fonte de contínua inspiração para toda pessoa de boa vontade que procura verdadeiramente a Deus.

Abadia de Santa Maria de São Paulo

Índice

Prólogo da Regra

[1]Escuta, ó filho, os preceitos do mestre e inclina o ouvido
de teu coração. Recebe de boa vontade o conselho de um pai
cheio de ternura e segue-o de modo eficaz [2]a fim de voltares
pelo labor da obediência àquele de quem te havias afastado
pela fraqueza da desobediência. [3]Quem quer que sejas neste
momento a minha palavra se dirige a ti, que, renunciando às tuas
próprias vontades para militar nas fileiras do verdadeiro rei, o
Senhor Jesus Cristo, empunhas as fortíssimas e gloriosas armas
da obediência. [4]Em primeiro lugar, quando empreenderes algum
bem, roga-lhe com instantíssima prece que o leve a bom termo,
[5]de sorte que tendo-se dignado contar-nos entre os seus filhos,
não tenha de se entristecer um dia por causa das nossas más
ações. [6]Devemos portanto obedecer-lhe em todo tempo, com
o auxílio dos bens por ele em nós depositados, [7]não só para
que não venha um dia, qual pai irritado, a deserdar os filhos,
mas também para que não tenha, qual temível Senhor, provo-
cado por nossas más ações, de entregar-nos às penas eternas,
como servos muito maus que não O quiseram seguir para a
glória. [8]Levantemo-nos enfim, diante dessa exortação da Escri-
tura que nos diz: *Eis para nós chegada a hora de sair do sono.* [9]Com
os olhos abertos à luz deífica e os ouvidos atentos, escutemos
o conselho que diariamente nos dirige a voz divina clamando:
[10]*Se ouvirdes hoje a sua voz não endureçais os vossos corações.* [11]E tam-
bém: *Quem tem ouvidos para ouvir, ouça o que o Espírito diz às Igrejas.*

12*E que diz ele? Vinde, meus filhos, escutai-me; eu vos ensinarei o temor do Senhor.* 13*Correi enquanto possuís a luz da vida, a fim de não serdes surpreendidos pelas trevas da morte.*

14E buscando o Senhor o seu operário na multidão a quem faz ouvir o seu clamor, diz ainda: 15*Qual é o homem que quer a vida e deseja ver dias felizes?* 16Se a essas palavras responderes "Sou eu", Deus te dirá então: 17*Se queres ter a vida verdadeira e eterna, reserva a tua língua do mal e não profiram os teus lábios palavras enganadoras, desvia-te do mal e faze o bem; procura a paz e segue-a.* 18Quando tiverdes feito essas coisas, os meus olhos porei em vós e os meus ouvidos estarão atentos às vossas preces, e antes que me invoqueis, direi: "Aqui estou". 19Que haverá de mais doce para nós, meus queridos irmãos, do que essa voz do Senhor a convidar-nos? 20Eis que na sua bondade o próprio Senhor nos aponta o caminho da vida.

21Cingidos os nossos rins pela fé e pela observância das boas obras, guiados pelo Evangelho, trilhemos os seus caminhos a fim de merecermos ver aquele que nos chamou para o seu reino.

22Mas, se queremos estabelecer a nossa morada no tabernáculo do reino do céu, é preciso corrermos pelas boas obras, sem as quais lá não se chega.

23Interroguemos, pois, o Senhor, com o Profeta dizendo-lhe: *Senhor, quem habitará no vosso tabernáculo, ou quem repousará no vosso monte santo?* 24Após esta interrogação, ouçamos, irmãos, a resposta do Senhor, mostrando-nos o caminho do seu tabernáculo e dizendo: 25*É aquele que vive sem mancha e pratica a justiça,* 26*aquele que diz a verdade do íntimo do coração, que não se serviu de sua língua para enganar,* 27*não fez mal ao seu próximo, nem acolheu palavras injuriosas contra ele.*

28É aquele que, aconselhado pelo maligno, o diabo, o repele a ele e aos seus conselhos, para longe das vistas do coração, o reduz a nada, agarra os primeiros germes do pensamento diabólico e os destrói de encontro ao Cristo.

29São aqueles que temendo o Senhor não se ensoberbecem

da sua boa observância, convictos de que os bens que neles se encontram não provêm de si mesmos, [30]mas são obra do Senhor e o glorificam por isso e dizem com o Profeta: *Não a nós, Senhor, não a nós, mas sim ao vosso nome, dai glória.*

[31]Também o Apóstolo Paulo não atribuiu a si próprio algo do êxito da sua pregação: *Pela graça de Deus, diz ele, sou o que sou.* [32]E de novo: *Aquele que se glorifica, no Senhor se glorifique.*

[33]Eis porque o Senhor diz no Evangelho: *Quem ouve estas minhas palavras e as observa, será por mim comparado ao homem sensato que edificou a sua casa sobre a rocha.* [34]Transbordaram os rios, desencadearam-se os ventos e arrojaram-se contra essa casa e ela não caiu, pois estava fundada sobre a rocha. [35]Finalmente, o Senhor espera sempre que respondamos com as nossas obras às suas santas exortações. [36]É, portanto, para corrigirmos os nossos pecados que os dias desta vida nos são prolongados como tréguas, [37]segundo diz o Apóstolo: *Ignoras que a paciência de Deus te proporciona a penitência?* [38]Diz também o nosso misericordioso Senhor: *Eu não quero a morte do pecador, mas que ele se converta e viva.*

[39]Por conseguinte, meus irmãos, quando interrogamos o Senhor a respeito de quem mora na sua tenda, ouvimos o mandamento para quem ali quer habitar: se cumprirmos o dever do morador seremos herdeiros do reino dos céus. [40]Precisamos portanto preparar os nossos corações e os nossos corpos para combater sob a santa obediência aos mandamentos; [41]quanto ao que a natureza encontrar em nós de menos fácil, roguemos ao Senhor que ordene à sua graça prestar-nos auxílio. [42]Se quisermos fugir das penas do inferno e alcançar a vida eterna, [43]enquanto é tempo e, permanecendo neste corpo podemos com a luz desta vida cumprir todas essas coisas, [44]devemos correr e agir de modo que nos aproveite para a eternidade.

[45]Vamos portanto, instituir uma escola para servir o Senhor. “Instituindo-a, esperamos nada estabelecer de excessivamente áspero ou penoso. [47]Mas, se um motivo de equidade, o desejo de

corrigir os vícios e conservar a caridade, obrigarem a prescrições algo mais severas, [48]nem por isso abandoneis atemorizados o caminho da salvação, que só é estreito no começo; [49]porque, à medida que se progride na vida monástica e na fé, o coração se dilata e corre-se no caminho dos preceitos de Deus com uma suavidade de amor inexprimível; [50]de sorte que, jamais nos afastando desse Mestre e perseverando no mosteiro até à morte, debaixo das suas instruções, participemos pela paciência da Paixão de Cristo, a fim de merecermos ser co-herdeiros do seu reino. Amém.

Início da Regra de São Bento

Capítulo I - As diversas espécies de monges

[1]É evidente que são quatro as espécies de monges. [2]A primeira é a dos cenobitas, isto é, dos que habitam nos mosteiros militando sob uma Regra e um Abade. [3]A segunda espécie é a dos anacoretas ou eremitas, que não se acham mais no fervor de recente conversão, mas tendo passado por diuturna experiência no mosteiro, [4]aprenderam com o auxílio de muitos a lutar contra o demônio e, [5]treinados nas fileiras de seus irmãos para as batalhas singulares do deserto, bastante firmes para dispensarem a companhia de outro, tornaram-se capazes, por meio do socorro de Deus, a sustentarem sós com a sua mão ou o seu braço, a luta contra os vícios da carne e do pensamento.

[6]A terceira e detestável espécie de monges, é a dos sarabaítas, que não sendo provados por alguma Regra, nem pelas lições da experiência, como se prova o ouro no crisol, antes se amolgando como o chumbo, [7]demonstram por suas obras que se conservam ainda fiéis ao mundo e mentem a Deus pela tonsura.

[8]Encerram-se em grupos de dois ou três, e às vezes sós, sem pastor, não em apriscos do Senhor, mas nos seus próprios, sem outra lei a não ser a satisfação dos seus desejos, [9]pois tudo quanto pensam ou querem classificam de santo e o que não lhes agrada consideram ilícito. [10]A quarta espécie de monges é denominada a dos giróvagos, que passam toda a vida a percorrer as províncias, permanecendo três ou quatro dias em cada mosteiro, [11]sempre errantes, nunca estáveis,

escravos da gula e de suas paixões, piores em tudo do que os sarabaítas.

[12]Mas é melhor calar do que falar sobre a lamentável conduta de todos eles. [13]Deixando, por conseguinte, uns e outros, ocupemo-nos com o auxílio do Senhor, em estabelecer a Regra de vida da mais valorosa espécie de monges, a dos cenobitas.

Capítulo II - Como deve ser o abade

[1]O abade que for considerado digno de governar o mosteiro deve sempre lembrar-se do nome que lhe dão e realizar nas suas ações o título de superior. [2]Na verdade, acredita-se que no mosteiro ele ocupa o lugar do Cristo, uma vez que é chamado pelo mesmo nome, [3]segundo as palavras do Apóstolo: *Recebestes o espírito de adoção de filhos, pelo qual clamamos: Abba, isto é, Pai.*

[4]Por conseguinte, nada deve o abade ensinar, estabelecer ou prescrever de contrário aos preceitos do Senhor, [5]porém as suas ordens e ensinamentos, penetrem na alma dos discípulos como fermento da justiça divina.

[6]Lembre-se o abade constantemente de que, no tremendo juízo de Deus, lhe pedirão estritas contas, tanto da sua doutrina como da obediência dos discípulos. [7]E saiba que será atribuído como culpa ao pastor, tudo quanto o Pai de família encontrar a menos no progresso de suas ovelhas. [8]Este mesmo critério será aplicado se houver dispensado todos os cuidados de pastor a um rebanho turbulento e desobediente e se houver empregado toda a solicitude em curar-lhe as ações doentias; [9]plenamente justificado no juízo do Senhor, poderá esse pastor dizer-lhe com o Profeta: *Não ocultei a vossa justiça no meu coração; proclamei a vossa verdade e salvação, mas, nenhum caso dela fizeram e desprezaram-me.* [10]E então a pena de morte cairá sobre as ovelhas rebeldes aos seus cuidados.

[11]Portanto aquele que recebe o nome de abade deve instruir de dois modos os discípulos: [12]mostrar-lhes o que é bom e santo, mais por atos do que por palavras; de forma que, aos discípulos capazes dê a conhecer de viva voz os mandamentos do Senhor e aos de coração endurecido e espírito rude manifeste pelas suas ações os preceitos divinos. [13]Tudo porém que houver ensinado aos discípulos a considerar como nocivo, mostre-lhes por suas obras que não o devem fazer, a

fim de que pregando aos outros, não venha a ser condenado. [14]Nem lhe diga Deus quando pecar: *Por que anunciaste a minha justiça e apregoaste com teus lábios a minha aliança, tu que odiavas o jugo dos preceitos e rejeitavas as minhas palavras?* [15]*Tu que notavas o argueiro nos olhos de teu irmão e não vias a trave nos teus?* [16]Não faça o abade distinção de pessoas no mosteiro. [17]Não seja um mais amado do que outro, a não ser quem ele reconhecer como mais adiantado nas boas obras e na obediência.[18]Não seja o homem livre preferido ao de condição servil, senão quando houver para isso motivo razoável.[19]Se tal distinção parecer ao abade de acordo com as exigências da justiça, use dela a respeito de qualquer pessoa, seja qual for a sua condição; do contrário, guarde cada um o seu próprio lugar, [20]*visto como, escravos ou livres, somos todos um em Cristo* e desempenhamos igual serviço na milícia do mesmo Senhor, *pois não há acepção de pessoas diante de Deus.* [21]Somente somos distinguidos por ele quando nos acha preferíveis aos outros nas boas obras e na humildade. [22]Tenha, pois, o abade igual caridade para com todos; haja a mesma disciplina para todos, segundo os méritos de cada um. Por outro lado, nos seus ensinamentos o abade deve sempre observar a norma do Apóstolo, quando diz: *Repreende, exorta, ameaça.* [24]Assim, há de variar a maneira de proceder conforme a ocasião e as circunstâncias, unindo o rigor à brandura, manifestando severidade de mestre e ternura de pai. [25]Repreenderá mais rigidamente os indisciplinados e turbulentos; enquanto aos dóceis, mansos e pacientes, bastará aconselhar a fazer novos progressos. Aos negligentes, porém, ou desdenhosos, exortamo-lo a repreendê-los e castigá-los.

[26]Não dissimule as faltas dos delinquentes; mas esforce-se, quanto estiver em seu poder, por destruí-las pela raiz logo desde o começo, recordando-se da desgraça de Heli, sacerdote de Silo. [27]Quanto aos mais disciplinados e de boa índole, repreenda-os uma ou duas vezes por palavras; [28]porém, aos maus, duros, soberbos e desobedientes, reprima-os com varadas ou por meio de outros castigos corporais, apenas comecem a proceder mal, sabendo que está escrito: *O estulto não se emenda com palavras. E em outro lugar:* [29]*Castiga teu filho com açoites e livrarás da morte a sua alma.*

[30]Nunca se deverá esquecer o abade do que é e do nome que possui. Saiba que mais se exige daquele a quem mais se confia. [31]Considere também quão árduo e difícil é o encargo que recebeu de guiar as

almas e servir aos diversos temperamentos. A um, é preciso levá-lo com carinho, a outro por meio de censuras e a um terceiro pela persuasão. [32]Deve, portanto, conformar-se e adaptar-se às disposições e ao entendimento de cada um, de sorte que não sofra prejuízo no rebanho confiado a seus cuidados, mas antes se regozije com o seu aumento e progresso na virtude. [33]Antes de tudo não negligencie ou menospreze a salvação das almas a seu cargo, tratando com mais solicitude dos interesses transitórios, terrenos e caducos, [34]mas sempre considere que recebeu o encargo de guiar almas, das quais terá de dar conta. [35]E para não lhe servir de desculpa a insuficiência de recursos, lembre-se do que está escrito: *Buscai primeiro o reino de Deus e a sua justiça, e tudo o mais vos será concedido por acréscimo.* [36]E ainda: *Nada falta aos que o temem.* [37]Saiba que deve preparar-se para prestar conta das almas quem se encarregou de dirigi-las. [38]Lembre-se de que, seja qual for o número dos irmãos ao seu cuidado, há de responder ao Senhor pelas almas de todos no dia do juízo e ainda sem dúvida pela sua própria. [39]Portanto, temendo sempre o futuro exame do pastor sobre as ovelhas que lhe foram confiadas, essas contas que deverá prestar de outrem, o tornarão solícito a respeito de si mesmo. [40]E enquanto, com suas admoestações, proporciona correção a outrem, ele próprio conseguirá emendar-se de seus defeitos.

Capítulo III - Como chamar os monges a conselho

[1]Todas as vezes que no mosteiro houver algum assunto de importância a tratar, o abade convoca toda a comunidade e expõe o assunto em questão; [2]tendo ouvido a opinião dos irmãos, considere consigo mesmo e faça o que julgar mais acertado.

[3]O motivo de ordenarmos serem todos chamados ao conselho e porque muitas vezes Deus revela ao mais jovem o que é melhor.

[4]Os irmãos deem sua opinião com toda submissão e humildade, e não presumam sustentar com arrogância a sua opinião: [5]a decisão dependerá do julgamento do abade, de forma que todos se submetam ao que ele julgar mais salutar. [6]No entanto, como aos discípulos convém obedecer ao mestre, é preciso também que este disponha tudo com prudência e justiça. [7]Todos sigam portanto em tudo a Regra como mestra e ninguém temerariamente dela se afaste.

[8]Ninguém siga no mosteiro a vontade do próprio coração, [9]nem tenha a presunção de discutir com o seu abade insolentemente dentro ou fora do mosteiro. [10]Se alguém tiver tal ousadia, seja submetido à disciplina regular. [11]O abade, porém, faça todas as coisas com temor de Deus e de acordo com a Regra, sabendo que sem dúvida dará conta a Deus, retíssimo juiz, de todas as suas decisões.

[12]Mas, quando se tratar de assuntos de menor importância para o bem do mosteiro, o abade consulte somente os antigos, [13]conforme está escrito: *Nada faças sem conselho e depois de o haveres feito não te arrependerás.*

Capítulo IV - Os Instrumentos das boas obras

[1]Em primeiro lugar, amar a Deus de todo o coração, de toda a alma e com todas as forças.

[2]Em seguida, amar o próximo como a si mesmo.

[3]Depois, não matar.

[4]Não cometer adultério.

[5]Não furtar.

[6]Não cobiçar.

[7]Não levantar falso testemunho.

[8]Honrar todos os homens.

[9]Não fazer a outrem o que não se quer para si.

[10]Renunciar a si mesmo para seguir a Cristo.

[11]Castigar o corpo.

[12]Não procurar as delícias.

[13]Amar o jejum.

[14]Reconfortar os pobres.

[15]Vestir os nus.

[16]Visitar os enfermos.

[17]Enterrar os mortos.

[18]Socorrer os atribulados.

[19]Consolar os aflitos.

[20]Afastar-se dos costumes do mundo.

[21]Nada preferir ao amor de Cristo.

[22]Não satisfazer a cólera.

[23]Não aguardar tempo para vingança.

[24]Não guardar falsidade no coração.

25 Não conceder paz simulada.

26 Não negligenciar a caridade.

27 Não jurar para não ser perjuro.

28 Dizer a verdade de coração e de boca.

29 Não pagar o mal com o mal.

30 A ninguém fazer injustiça, mas suportar com paciência a que lhe for feita.

31 Amar os inimigos.

32 Não amaldiçoar os que o amaldiçoam; mas, ao contrário, abençoá-los.

33 Sofrer perseguição pela justiça.

34 Não ser soberbo.

35 Não ser dado à bebida.

36 Não ser voraz.

37 Não ter apego ao sono.

38 Não ser preguiçoso.

39 Nem murmurador.

40 Nem detrator.

41 Pôr em Deus sua esperança.

42 O que encontrar de bom em sua pessoa, atribuí-lo a Deus e não a si mesmo.

43 Quanto ao mal, saber que é obra sua e a si mesmo atribuí-lo.

44 Temer o dia do juízo.

45 Ter pavor do inferno.

46 Desejar a vida eterna com todo o ardor de sua alma.

47 Ter todos os dias a morte presente diante dos olhos.

48 Velar a todo momento pelos atos de sua vida.

49 Ter como certo que Deus nos vê em todo lugar.

50 Quanto aos maus pensamentos que invadem a alma, destruí-los imediatamente de encontro ao Cristo e manifestá-los ao pai espiritual.

51 Preservar a boca de qualquer assunto mau ou pernicioso.

52 Não gostar de falar muito.

53 Não pronunciar palavras inúteis ou que só provoquem risos.

54 Não gostar dos risos frequentes ou ruidosos.

55 Ouvir com satisfação as santas leituras.

56 Entregar-se frequentemente a oração.

57 Confessar todos os dias a Deus, nas suas preces, com lágrimas

e gemidos, as faltas da vida passada; [58]e emendar-se daí em diante.

[59]Não satisfazer os desejos da carne.

[60]Odiar a sua vontade própria.

[61]Obedecer em tudo às ordens do abade, ainda mesmo que ele proceda de outra forma (o que Deus não permita), recordando-se do que ordena o Senhor: *Fazei o que eles dizem e não o que eles fazem.*

[62]Não querer passar por santo antes de o ser, mas sê-lo primeiramente para que o digam com mais verdade.

[63]Cumprir todos os dias por meio de obras os preceitos de Deus.

[64]Amar a castidade.

[65]A ninguém odiar.

[66]Não ter ciúme.

[67]Não exercer a inveja.

[68]Ser inimigo de contestar.

[69]Fugir da altivez.

[70]Venerar os anciãos.

[71]Amar os mais moços.

[72]Orar pelos inimigos por amor de Cristo.

[73]Reconciliar-se antes de anoitecer com os seus contraditores.

[74]Nunca desesperar da misericórdia de Deus.

[75]Estes são os instrumentos da arte espiritual.

[76]Se os cumprirmos dia e noite, sem interrupção, e os presentarmos no dia do juízo, Deus nos recompensará com aquele prêmio por ele mesmo prometido: [77]*Nem olhos viram, nem ouvidos ouviram, o que Deus preparou para aqueles que o amam.*

[78]A oficina onde devemos trabalhar diligentemente com o auxílio desses instrumentos, é o claustro do mosteiro e a estabilidade na comunidade.

Capítulo V - Obediência dos discípulos

[1]O primeiro grau da humildade é a obediência sem demora. [2]Esta é própria daqueles que não amando coisa alguma acima de Jesus Cristo, movidos pelo pensamento do serviço santo a que se dedicaram, [3]pelo temor do inferno e pela glória da vida eterna, [4]logo que o superior lhes ordena alguma coisa, como se a ordenasse o próprio Deus, não demoram em executá-la. [5]A esses aplica-se a palavra do

Senhor: *Logo que ouviu a minha voz obedeceu-me.* [6]Disse ele também aos que ensinam: *Aquele que vos ouve a mim ouve.*

[7]Esses portanto, abandonando imediatamente seus interesses e renunciando à própria vontade, [8]deixam no mesmo instante por acabar o que tinham entre as mãos e, com o passo pronto a obedecer, seguem com obras a voz do que ordena; [9]e como que num só momento, com a prontidão inspirada pelo temor de Deus, coincidem a ordem dada pelo mestre e a perfeita execução do discípulo.

[10]A estes o amor impulsiona a subir para a vida eterna, [11]por isso seguem o caminho estreito do qual disse o Senhor: *Estreito é o caminho que conduz à vida.* [12]E não vivendo ao seu arbítrio nem obedecendo a seus desejos e apetites, caminham sob a direção e ordens de outrem e desejam habitar no mosteiro sujeitos ao abade. [13]Esses sem dúvida seguem a palavra do Senhor quando diz: *Não vim fazer a minha vontade e sim a daquele que me enviou.*

[14]Todavia essa obediência não será agradável a Deus nem suave para os homens, se a ordem não for executada sem hesitação nem demora, sem tibieza, murmuração ou palavra de resistência, [15]pois a obediência que se tributa aos superiores dirige-se a Deus, conforme ele mesmo disse: *Aquele que vos ouve, a mim ouve.* [16]Também é necessário que os discípulos prestem a obediência de boa vontade, porquanto *Deus ama aquele que dá com alegria.* [17]Mas, se o discípulo obedece de má vontade e murmura, ainda que não o faça com os lábios mas somente no coração, [18]mesmo cumprindo a ordem recebida, já não será agradável a Deus, que vê o coração de quem murmura. [19]Longe de obter qualquer graça pelo seu procedimento, incorre antes na pena dos murmuradores, se com reparação não se emendar.

Capítulo VI - O espírito de silêncio

[1]Façamos o que diz o Profeta: *Disse: observarei os meus caminhos para não pecar pela língua; pus guarda em minha boca; emudeci, humilhei-me e silenciei até as coisas boas.*

[2]Nestas palavras mostra-nos o profeta que, se devemos algumas vezes abster-nos de conversações boas por causa do silêncio, com maior razão devemos evitar as más palavras pelo temor do castigo que acompanha o pecado. [3]Por conseguinte, raras vezes se deve

conceder, até aos discípulos perfeitos, licença para entreterem conversações, embora sobre assuntos bons, santos e edificantes, tão importante é o silêncio; [4]porquanto está escrito: *Falando muito não evitarás o pecado.* [5]E em outro lugar: *A morte e a vida estão em poder da língua.*

[6]Ao mestre, portanto, convém falar e instruir; ao discípulo compete calar e ouvir.

[7]Neste caso, se houver necessidade de perguntar alguma coisa ao superior deve-se fazê-lo com toda a humildade, submissão e respeito para que não se fale mais do que convém. Quanto às brincadeiras, às palavras inúteis e que só servem para provocar o riso, condenamo-las para sempre e em qualquer lugar, não permitindo ao discípulo abrir a boca para tais palavras.

Capítulo VII - Humildade

[1]A escritura divina, meus irmãos, nos faz ouvir este clamor: *Todo aquele que se eleva será humilhado e quem se humilha será exaltado.* [2]Assim falando, demonstra-nos que toda altivez é uma espécie de orgulho, [3]do qual mostra o Profeta precaver-se dizendo: *Senhor, o meu coração não se exaltou nem os meus olhos se elevaram; tampouco andei ocupado em grandezas ou busquei maravilhas acima de mim.* [4]Que aconteceria se não *nutrisse humildes sentimentos, se exaltasse a minha alma? Seria tratado como a criancinha arrancada do seio de sua mãe.* [5]Assim, irmãos, se desejamos atingir o cume da suprema humildade e alcançar em pouco tempo aquela elevação celestial à qual se sobe pela humildade da vida presente, [6]é preciso por meio de atos sempre ascendentes, erigir aquela escada que o patriarca Jacó viu em sonhos e pela qual desciam e subiam os anjos. [7]Esta descida e subida significam, sem dúvida, para nós, que pela exaltação se desce e pela humildade se sobe.

[8]A escada erguida representa a nossa vida mortal, que o Senhor eleva até ao céu, se o nosso coração se humilha. [9]Os dois lados desta escada para nós são o nosso corpo e a nossa alma; o chamado de Deus, nela dispôs vários degraus de humildade e disciplina por onde devemos subir.

[10]O primeiro degrau da humildade consiste portanto em que tendo sempre diante dos olhos o temor de Deus, fujamos absolutamente do esquecimento [11]e sempre nos lembremos de tudo quanto Deus

ordenou, repassando constantemente no espírito o inferno onde caem os que desprezam a Deus e a vida eterna preparada para os que O temem, [12]abstendo-nos por esse meio a todo momento dos pecados e vícios da língua, dos olhos, das mãos, dos pés e da vontade própria, como também das inclinações da carne.

[13]O homem deve estar sempre compenetrado de que Deus o considera sem cessar do alto do céu; que os olhos da majestade divina contemplam em qualquer parte as suas ações e os santos anjos a todo instante as transmitem a Deus.

[14]É o que o Profeta nos faz ver, quando mostra Deus sempre presente aos nossos pensamentos dizendo: Deus perscruta os corações e os rins. [15]E ainda: *O Senhor sabe que os pensamentos dos homens são vãos.* [16]Diz também: *De longe conhecestes os meus pensamentos.* [17]*E: O pensamento do homem vos será manifesto.* [18]O irmão fiel à sua vocação deve dizer sempre no coração, para se precaver dos pensamentos perversos: *Só estarei puro na presença de Deus, se me preservar da minha iniquidade.*

[19]No que toca à nossa própria vontade, a Escritura proíbe-nos expressamente segui-la, dizendo: *Renuncia à tua própria vontade.* [20]E também pedimos a Deus na oração *que a sua vontade se faça em nós.* [21]E com razão somos advertidos a não fazer a nossa vontade, evitando por esse meio o perigo assinalado na Sagrada Escritura: *Caminhos há que aos homens parecem retos, mas cujo fim vai ter às profundezas do inferno,* [22]e nos livramos também do que foi dito sobre os negligentes: *Corromperam-se e fizeram-se abomináveis, seguindo a sua vontade.* [23]Quanto aos desejos da carne, fiquemos certos de que Deus está sempre presente, segundo diz o Profeta ao Senhor: *Todo o meu desejo, Senhor, está diante de vós.* [24]Devemos, pois, acautelar-nos contra os maus desejos, porquanto a morte está colocada no início do prazer. [25]Por esse motivo a Escritura ordena: *Não te deixes levar pelos teus próprios apetites.* [26]Por conseguinte, se os olhos do Senhor observam os bons e os maus [27]e o *Senhor contempla sem cessar; lá do céu, os filhos homens para ver se há quem conheça e busque a Deus,* [28]e se os anjos destinados a guardar-nos, quer de dia, quer de noite, dão conta de todas as nossas ações a Deus nosso Criador e Senhor de tudo quanto existe, [29]é preciso acautelar-nos sempre a fim de que, segundo diz o profeta no salmo, Deus não nos surpreenda *no momento em que declinarmos para o mal e nos tomarmos inúteis*; [30]de forma que, usando de indulgência para conosco neste mundo, (por

ser benigno e esperar que nos convertamos), não nos venha a dizer mais tarde: *Fizestes isto e calei-me.*

[31]O segundo degrau da humildade consiste em que não amando a sua vontade própria, não se deleite o monge em cumprir os seus desejos, [32]antes imite com suas obras a voz do Senhor que diz: *Não vim cumprira minha vontade e sim a dAquele que me enviou.*

[33]Diz também a Escritura: *A vontade própria leva ao castigo e a necessidade de obedecer alcança a coroa.*

[34]O terceiro degrau da humildade consiste em sujeitar-se pelo amor de Deus ao superior com inteira obediência, a exemplo do Senhor de quem diz o Apóstolo: *Fez-se obediente até à morte.*

[35]O quarto degrau da humildade consiste em que, no exercício desta obediência, abrace o monge a paciência, guardando intimamente o silêncio, nas coisas duras e adversas, mesmo no meio de toda espécie de injúrias, [36]suportando tudo sem desanimar nem recuar, pois diz a Escritura: *O que perseverar até o fim, esse será salvo.* [37]E também: *Que o teu coração permaneça firme e saiba esperar pelo Senhor.* [38]E querendo mostrar que o fiel deve suportar pelo Senhor todas as coisas mesmo as adversas, diz na pessoa dos que sofrem: *É por vós Senhor, que estamos entregues à morte durante todo o dia; somos considerados como ovelhas destinadas ao corte.* [39]E seguros com a esperança da recompensa divina, prosseguem contentes, dizendo: *Mas em todas essas coisas alcançamos a vitória por causa dAquele que nos amou.* [40]Também diz em outro ponto a Escritura: *Experimentastes-nos, ó Deus; provastes-nos pelo fogo como a prata pelo cadinho; fizestes-nos cair na rede e amontoastes sobre os nossos ombros tribulações.*

[41]E para manifestar que devemos estar sujeitos à obediência de um superior, acrescenta: *Impusestes homens sobre as nossas cabeças.* [42]E observando, pela paciência nas adversidades e injúrias, o preceito do Senhor, se lhes batem numa face, oferecem a outra; se lhes tiram a túnica, dão também a capa; forçados a andarem uma milha, caminham duas. [43]Com o Apóstolo São Paulo suportam os falsos irmãos e a perseguição; abençoam os que os amaldiçoam.

[44]O quinto degrau da humildade é manifestar ao seu abade, por meio de humilde confissão, todos os pensamentos maus que invadem o coração e as faltas que se houverem cometido em segredo. [45]A Escritura a isso nos aconselha quando diz: *Manifesta ao Senhor teu procedimento e nele espera.* [46]Também diz: *Confessai ao Senhor, porque ele é*

bom, e infinita a sua misericórdia. [47]E ainda o Profeta: *Eu vos declarei, Senhor, o meu pecado e não vos encobri as minhas faltas.* [48]Disse: *Manifestarei ao Senhor, contra mim próprio, as minhas faltas; e perdoastes, Senhor, a impiedade de meu coração.*

[49]O sexto degrau da humildade consiste em que o monge se contente com todas as coisas vis e humildes, e para tudo quanto se lhe ordena se considere operário mau e indigno, [50]exclamando com o Profeta: *Estou reduzido a nada e nada sei; tornei-me em vossa presença como um animal de carga, mas estou sempre convosco.*

[51]O sétimo degrau da humildade é declarar não só pelos próprios lábios, ser o último e o mais desprezível de todos, também assim o crer no íntimo pulsar do coração, [52]humilhando-se e dizendo com o profeta: *Quanto a mim, sou um verme e não um homem. Sou o opróbrio dos homens e o rebotalho da plebe.* [53]*Logo que me exaltei, fui humilhado e confundido.* [54]E ainda: *Bom foi, Senhor, que me humilhásseis, para eu aprender a observar os vossos preceitos.*

[55]O oitavo degrau da humildade consiste em que o monge nada faça senão o que ensina a Regra comum do mosteiro e o exemplo dos mais antigos.

[56]O nono degrau da humildade consiste em que o monge reprima a sua língua, guardando o silêncio; não fale sem ser interrogado [57]uma vez que nos ensina a Escritura: Falando muito não se evita o pecado. [58]E: *O homem falador não trilha bom caminho na terra.*

[59]O décimo degrau da humildade consiste em não ser o monge propenso e fácil ao riso, porquanto está escrito: *O insensato levanta a voz quando ri.*

[60]O undécimo degrau da humildade consiste em que o monge, ao falar, faça-o com doçura e sem gracejar, humildemente e com dignidade, pronunciando poucas e razoáveis palavras, sem levantar a voz, [61]porque está escrito: *Reconhece-se o homem sensato pela sobriedade da sua linguagem.*

[62]O duodécimo degrau da humildade consiste em que o monge, não só no coração mas igualmente no seu próprio corpo, manifeste sempre a humildade a todos os que o veem, [63]isto é, no trabalho, no oratório, no mosteiro, no jardim, em viagem, nos campos, em toda parte, quer esteja sentado, em pé ou caminhando, tenha sempre a cabeça inclinada, os olhos cravados no chão, [64]sentindo-se a todo

instante carregado de pecados, como no momento de comparecer perante o tremendo juízo de Deus; [65]repita continuamente no seu coração o que dizia o publicano do Evangelho com os olhos fitos no chão: *Um pecador como eu, Senhor, não é digno de erguer os olhos para o céu.* [66]E também com o Profeta: *Inclinei-me e humilhei-me inteiramente.*

[67]Quando o monge houver subido todos estes degraus da humildade, chegará em breve a essa caridade de Deus, que, sendo perfeita, expulsa o temor, [68]e, graças a ela, tudo o que antes observava com sentimento de terror, [69]observará de então em diante sem esforço algum, como que naturalmente e por hábito adquirido, não mais por medo do inferno e sim por amor de Cristo, pelo bom costume e pelo deleite próprio das virtudes. [70]Eis o que o Senhor se dignará manifestar pelo Espírito Santo no seu operário purificado dos vícios e pecados.

Capítulo VIII - Os ofícios divinos durante a noite

[1]No tempo de inverno, isto é, desde primeiro de novembro até a Páscoa, os monges se levantam à oitava hora da noite, como é razoável, [2]de modo que descansem um pouco mais da metade da noite e se levantem bem dispostos. [3]O tempo que resta após as Vigílias, será empregado no estudo do saltério ou das leituras, pelos que estiverem precisando. Desde a Páscoa até o referido primeiro de novembro, será regulada de tal forma a hora das Vigílias que, após brevíssimo intervalo, durante o qual os monges poderão sair para as necessidades naturais, se comecem logo as Laudes, que devem ser ditas ao romper do dia.

Capítulo IX - Quantos salmos se recitam nas horas noturnas

[1]No tempo do inverno como foi definido acima, diga-se em primeiro lugar três vezes o versículo: *"Senhor, abri os meus lábios e minha boca cantará vosso louvor!"* [2]acrescentando-se o salmo terceiro e o Glória. [3]Em seguida o salmo nonagésimo quarto, com antífona, que deverá ser cantado. [4]Seguem-se o hino e seis salmos com antífonas. [5]Logo depois, dito o versículo, o Abade dará a bênção e, estando todos sentados nos bancos, os monges lerão, cada um por sua vez, três

leituras do livro colocado na estante, cantando depois de cada uma um responsório. [6]Dois responsórios serão ditos sem Glória; mas ao terminar a terceira lição, aquele que a cantou dirá o Glória. [7]Ao entoá-lo o cantor, todos se erguerão logo dos seus lugares, em honra e reverência à santíssima Trindade. [8]Leiam-se, nas Vigílias, os livros de autoridade divina, quer do Antigo quer do Novo Testamento, bem como as exposições que sobre eles fizeram os mais célebres e ortodoxos Padres católicos. [9]A essas três leituras com seus responsórios seguem-se os seis salmos restantes que se cantarão com "Aleluia", [10]Depois destes, uma lição do Apóstolo, que se dirá de cor; em seguida o versículo e a súplica da ladainha, isto é, "Kyrie eleison". [11]E deste modo se concluirão as Vigílias da noite.

Capítulo X - Como celebrar o ofício da noite no verão

[1]Desde a Páscoa até primeiro de novembro, será conservado o mesmo número de salmos acima dito; [2]não se lerão, porém, leituras no livro por causa da brevidade das noites; em lugar dessas três leituras, diga-se uma de cor, do Antigo Testamento, seguida de um responsório breve. [3]Quanto ao resto cumpra-se o que foi disposto, isto é, nunca se recitem menos de doze salmos nas Vigílias da noite, sem contar o terceiro e o nonagésimo quarto.

Capítulo XI - Como celebrar as vigílias aos domingos

[1]Aos domingos levante-se mais cedo para as Vigílias. [2]Nestas Vigílias se observará a distribuição indicada anteriormente, isto e, depois de cantados os seis salmos e o versículo, como acabamos de dispor, sentados todos nos bancos, na respectiva ordem, leem-se no livro quatro leituras com seus responsórios. [3]Só no quarto responsório o que canta dirá o Glória, levantando-se todos com reverência logo que ele começar.

[4]Depois destas lições, seguem-se por ordem seis outros salmos com antífonas como os precedentes e o versículo. [5]Depois leem-se ainda outras quatro leituras com seus responsórios, na ordem acima.

[6]Dizem-se em seguida três cânticos dos Profetas, determinados pelo Abade; estes cânticos serão salmodiados com "Aleluia". [7]Dito

também o versículo e dada a bênção pelo Abade, leem-se outras quatro leituras do Novo Testamento, na ordem acima. [8]Depois do quarto responsório, entoará o Abade o hino "A vós ó Deus, nós louvamos". [9]Terminado este o Abade lerá o Evangelho, permanecendo todos de pé, com respeito e temor. [10]No fim responderão todos: Amém. Dirá logo o Abade o hino "A vós ó Deus, o louvor" e, dada a bênção, começarão as Laudes.

[11]Esta ordem será observada nas Vigílias dos domingos em qualquer estação, quer no inverno quer no verão. [12]A não ser que, por se levantarem mais tarde (o que Deus não permita), se torne necessário diminuir algo das leituras ou dos responsórios. [13]Tenha-se, porém, o máximo cuidado para que isto não aconteça. Se entretanto acontecer, aquele que o tiver ocasionado por sua negligência deverá dar conveniente satisfação a Deus no oratório.

Capítulo XII - Como celebrar solenidades das Laudes

[1]Nos domingos, diga-se nas Laudes em primeiro lugar o salmo sessenta e seis sem antífona em tom direto. [2]Em seguida o cinquenta com "Aleluia". [3]Depois o cento e dezessete e o sessenta e dois. [4]Logo após, o cântico das bênçãos e o salmo de louvor, a lição do Apocalipse de cor, o responsório, o hino, o versículo, o cântico do Evangelho, a ladainha, e está terminado.

Capítulo XIII - Como celebrar as Laudes nos dias da semana

[1]Nos dias da semana, o Ofício das Laudes será celebrado do seguinte modo: [2]diga-se primeiramente o salmo sessenta e seis sem antífona, em tom direto, como no domingo e um tanto lentamente, a fim de que todos cheguem a tempo de alcançar o cinquenta que se dirá com antífona. [3]Depois deste salmo serão ditos outros dois, como de costume, a saber: [4]à segunda-feira, o cinco e o trinta e cinco; [5]à terça-feira, o quarenta e dois e o cinquenta e seis; [6]à quarta-feira, o sessenta e três e o sessenta e quatro; [7]à quinta-feira, o oitenta e sete e o oitenta e nove; [8]à sexta-feira, o setenta e cinco e o noventa e um; [9]ao sábado, o cento e quarenta e dois e o cântico do Deuteronômio, que deve ser dividido em dois Glórias. [10]Nos outros dias, diga-se o

cântico próprio do dia, tirado dos Profetas, como os canta a Igreja Romana. [11]Virão em seguida o salmo de louvor, depois a lição do Apóstolo recitada de cor, o responsório, o hino, o versículo, o cântico do Evangelho, a ladainha e está terminado.

O ofício da manhã e o da noite nunca deverão ser [12]concluídos sem que o superior diga, em último lugar e de maneira a ser ouvido por todos, a oração do Pai nosso, por causa dos espinhos de escândalos que costumam surgir. [13]Assim advertidos pelo compromisso feito nessa oração, quando dizem: *perdoai-nos as nossas ofensas, assim como nós perdoamos aos que nos têm ofendido*, se purificam de semelhante vício. [14]Nos outros ofícios só se dirá em voz alta a última parte desta oração, de forma que todos respondam juntos: *Mas livrai-nos do mal.*

Capítulo XIV - Como celebrar as vigílias nas festas dos santos

[1]Nas festas dos Santos e em todas as solenidades, celebra-se este Ofício como dispusemos para o domingo, [2]excetuando os salmos, antífonas e leituras pertencentes ao dia. Observe-se porém, a distribuição anteriormente indicada.

Capítulo XV - Em que tempo dizer o aleluia

[1]Desde a santa Páscoa até Pentecostes, sempre se dirá o Aleluia, tanto nos salmos como nos responsórios. [2]Desde Pentecostes até ao começo da Quaresma, deverá ser dito todas as noites somente nos seis últimos salmos dos noturnos.

[3]Em todos os domingos (exceto os da Quaresma) são ditos com Aleluia os cânticos, as Laudes, Prima, Terça, Sexta e Noa. Às Vésperas serão ditas com antífonas. [4]Quanto aos responsórios, nunca se dirão com Aleluia, a não ser desde a Páscoa até Pentecostes.

Capítulo XVI - Como celebrar os ofícios divinos durante o dia

[1]Como disse o Profeta: *Sete vezes por dia cantei os vossos louvores.* [2]Cumpriremos também nós este número sagrado de sete, se à Hora de Laudes, Prima, Terça, Sexta, Noa, Vésperas e Completas, pagarmos o tributo do nosso serviço, [3]porque o Profeta, falando destas

Horas do dia, disse: *Sete vezes por dia cantei os vossos louvores.* [4]Assim também, referindo-se às Vigílias das noites, disse: *Erguia-me pelo meio da noite para louvar-vos.*

[5]Ofereçamos, pois, nesses mesmos momentos, os nossos louvores ao Criador pelas decisões da sua justiça, isto é, em Laudes, Prima, Terça, Sexta, Noa, Vésperas e Completas, e durante a noite, levantemo-nos para louvá-lo.

Capítulo XVII - Quantos salmos dizer nessas mesmas horas

[1]Dispusemos já a ordem da salmodia para as Vigílias e as Laudes. Vejamos agora as outras Horas. [2]À Hora de Prima dizem-se três salmos separadamente, cada um com um Glória. [3]O hino desta mesma Hora é dito depois do versículo: *Deus, vinde em nosso auxílio*, e antes de começar os salmos. [4]Acabados os três salmos, recitam-se uma leitura, um versículo, "Kyrie eleison" e as preces finais.

[5]À Hora de Terça, Sexta e Noa é celebrado o Ofício na mesma ordem, isto é, o versículo, os hinos destas Horas, três salmos, uma leitura breve, um versículo, "Kyrie eleison" e as preces finais.

[6]Se a comunidade for numerosa, os salmos são ditos com antífonas; se não o for, serão em tom direto.[7]O Ofício de Vésperas constará de quatro salmos, com suas antífonas, [8]seguidos de uma leitura breve; depois do responsório, o hino, o versículo, o cântico do Evangelho, a ladainha, a oração do Pai nosso e as preces finais.

[9]As Completas consistem na recitação de três salmos. Estes três salmos devem ser ditos em tom direto sem antífonas. [10]Em seguida, o hino desta Hora, uma leitura breve, o versículo, o "Kyrie eleison", a bênção e a conclusão.

Capítulo XVIII - Em que ordem dizer os salmos

[1]Em primeiro lugar será dito o versículo: *Deus, vinde em meu auxílio; Senhor, apressai-vos em me socorrer*, o Glória, depois o hino de cada Hora. [2]Em seguida, no domingo, por ocasião da Prima, dizem-se quatro divisões do salmo cento e dezoito. [3]Nas outras Horas, isto é, na Terça, Sexta e Noa dizem-se três outras divisões do mesmo salmo.

[4]Na Prima da segunda-feira, serão ditos três salmos, a saber: o

primeiro, o segundo e o sexto; [5]e assim cada dia, até ao domingo dizem-se em Prima três salmos por ordem até o dezenove, mas os salmos nove e dezessete são divididos em dois Glórias. [6]Assim nas Vigílias do domingo se começará sempre pelo vinte.

[7]À Terça, Sexta e Noa da segunda-feira, serão ditas as nove divisões restantes do salmo cento e dezoito, distribuídas três a três nessas mesmas Horas. [8]Terminado assim nestes dois dias o salmo cento e dezoito, a saber: no domingo e segunda-feira, [9]serão cantados na terça-feira também três salmos por ocasião de Terça, Sexta e Noa, desde o cento e dezenove até ao cento e vinte e sete, isto é, nove salmos, [10]Os quais serão diariamente repetidos às mesmas Horas até ao domingo, guardando-se todos os dias a uniformidade na disposição estabelecida para os hinos, as leituras e versículos, [11]de modo que no domingo sempre se comece pelo salmo cento e dezoito.

[12]Nas Vésperas serão cantados todos os dias quatro salmos com modulação, [13]a começar do cento e nove até ao cento e quarenta e sete, [14]excetuando-se aqueles que estão reservados para outras Horas, isto é, desde o cento e dezessete até ao cento e vinte e sete, e além destes o cento e trinta e três e o cento e quarenta e dois. [15]Todos os outros deverão ser ditos nas Vésperas. [16]Mas, como há três salmos a menos, serão divididos aqueles que no referido número forem mais extensos, a saber: o cento e trinta e oito, o cento e quarenta e três e o cento e quarenta e quatro. [17]Quanto ao cento e dezesseis deverá unir-se ao cento e quinze, visto ser curto. [18]Estabelecida, portanto, a ordem dos salmos das Vésperas, o mais, isto é, a leitura, o responsório, o hino, o versículo e o cântico, serão ditos do modo que acima determinamos. [19]Nas completas, serão repetidos todos os dias os mesmos salmos, a saber: o quarto, o noventa e o cento e trinta e três

[20]Disposta assim a salmodia diurna, todos os outros salmos restantes serão igualmente distribuídos pelas sete Vigílias noturnas da semana, [21]de forma que os mais extensos sejam divididos e haja doze para cada noite. [22]Advertimos antes de tudo que, se a alguém desagradar esta distribuição dos salmos, estabeleça, se julgar melhor, outra disposição, [23]contanto que de qualquer modo cuide-se de recitar todas as semanas integralmente o saltério de cento e cinquenta salmos e seja ele sempre recomeçado nas Vigílias do domingo; [24]realmente, os monges que durante o espaço de uma semana dissessem

menos do que o saltério com os cânticos comuns, dariam prova de muito pouco zelo e devoção no serviço divino; [25]porquanto lemos que os nossos santos Pais desempenhavam essa tarefa resolutamente num só dia. Oxalá em nossa fraqueza possamos nós cumpri-la uma vez por semana.

Capítulo XIX - O modo de salmodiar

[1]Cremos estar Deus presente em toda parte e que em qualquer lugar seus olhos contemplam os bons e os maus; [2]mas estejamos sem dúvida alguma convictos de que assim é, sobretudo quando estamos presentes no Ofício Divino.

[3]Recordemo-nos, portanto, sem cessar do que diz o Profeta: *Servi o Senhor com temor.* [4]E ainda: Salmodiai sabiamente. [5]E: *Cantar-vos-ei em presença dos anjos.* [6]Consideremos, pois, como devemos permanecer na presença da divindade e de seus anjos [7]e estejamos de pé a salmodiar de tal maneira que nossa mente concorde com nossa voz.

Capítulo XX - Reverência na oração

[1]Se quando temos de solicitar alguma coisa dos homens poderosos, só com humildade e respeito ousamos fazê-lo, [2]com quanto maior razão devemos nós oferecer as nossas súplicas com toda a humildade e pureza de devoção ao Senhor Deus do universo! [3]E saibamos que não é pela multiplicidade de palavras que seremos atendidos e sim pela pureza do coração e pelas lágrimas da compunção. [4]A prece, portanto, deve ser breve e pura, a não ser que a graça da inspiração divina nos leve pela afeição a prolongá-la. [5]Todavia, em comunidade, abrevie-se a oração e, dado o sinal pelo superior, levantem-se todos juntos.

Capítulo XXI - Os decanos do mosteiro

[1]Se a comunidade for numerosa, escolham-se entre os irmãos alguns de boa fama e de vida monástica santa, que serão nomeados decanos. [2]Cuidem com solicitude de suas decanias, em tudo, de acordo com os preceitos de Deus e as ordens do abade. [3]E só deverão ser

escolhidos para decanos aqueles com quem o abade possa com segurança partilhar o seu fardo; [4]não serão eleitos segundo a ordem que ocuparem, mas pelo mérito da vida e sabedoria da doutrina. [5]Se acontecer que algum deles, enchendo-se de orgulho, se mostre merecedor de repreensão, deverá ser censurado uma, duas e até três vezes. Se não quiser emendar-se, será deposto [6]e substituído por outro que seja digno. [7]Estabelecemos que se proceda do mesmo modo para com o prior.

Capítulo XXII - Como dormem os monges

[1]Cada um dormirá num leito separado. [2]O leito e todos os acessórios serão concedidos a cada um de acordo com a vida monástica e segundo as ordens do abade.

[3]Se possível, durmam todos no mesmo lugar; mas, se o grande número não permitir, descansarão em grupo de dez ou vinte, tendo para velar por eles os seus anciãos. [4]Uma luz iluminará o dormitório sem interrupção até de manhã.

[5]Os monges dormirão vestidos, cingidos com suas correias ou cordões, *a fim de estarem sempre prontos*; mas não terão faca ao lado para que não se firam durante o sono. [6]Ao sinal dado, levantarão sem demora e se apressarão em antecipar-se uns aos outros no Ofício Divino, mas com toda seriedade e modéstia.

[7]Os monges mais moços não terão as camas perto umas das outras e sim colocadas entre as dos mais velhos. [8]Ao levantarem-se para o Ofício Divino, chamem-se uns aos outros com moderação, a fim de que não se desculpem os sonolentos.

Capítulo XXIII - A excomunhão pelas culpas

[1]Se houver algum monge teimoso, desobediente, soberbo, murmurador, transgressor habitual de alguns pontos da santa Regra e das ordens dos seus anciãos, mostrando desprezo, [2]seja admoestado primeira e segunda vez em particular pelos mesmos anciãos, segundo o preceito de Nosso Senhor. [3]Se não se emendar, será publicamente repreendido diante de todos. [4]Se ainda assim não se corrigir, seja submetido à excomunhão, contanto que com-

preenda a gravidade dessa pena. [5]Mas, se for obstinado, receberá o castigo corporal.

Capítulo XXIV - Qual é o modo de excomunhão

[1]A medida da excomunhão ou castigo deve ser proporcional à gravidade da culpa. [2]A avaliação das culpas fica a juízo do abade. [3]No entanto, se um irmão cair em faltas mais leves, o seu castigo consistirá apenas na privação da mesa comum. [4]Aquele que for privado da mesa da comunidade será tratado da seguinte forma: no oratório não entoará salmo nem antífona e não fará leitura até que haja dado satisfação. [5]Fará sozinho a sua refeição depois dos irmãos, na quantidade e hora que o abade julgar conveniente para ele; [6]por exemplo, se os irmãos jantarem à hora sexta, jantará ele à hora nona: se os irmãos fizerem a refeição à nona, ele a fará à hora de vésperas, [7]até haver obtido perdão por meio de competente satisfação.

Capítulo XXV - As culpas mais graves

[1]O irmão que se tornar culpado de uma falta mais grave, será excluído da mesa comum e do oratório. [2]Nenhum irmão poderá procurá-lo nem para fazer-lhe companhia nem para conversar. [3]Ficará sozinho no trabalho que lhe for designado, permanecendo assim no luto da penitência e recordando esta terrível sentença do Apóstolo que diz: [4]*Este homem foi entregue a Satanás para a destruição da carne a fim de que o espírito seja salvo no dia do Senhor.* [5]Tomará sozinho a sua refeição na quantidade e na hora que o abade julgar convenientes. [6]Ninguém o abençoará ao passar junto a ele nem o alimento que lhe for dado.

Capítulo XXVI - Aqueles que sem ordem do abade se unem aos excomungados

[1]Se algum irmão, sem haver recebido ordem do abade, ousar, de qualquer forma, unir-se a um irmão excomungado, falar-lhe ou mandar-lhe algum recado, [2]sofrerá a mesma pena de excomunhão.

Capítulo XXVII - Solicitude com que o abade deve tratar os excomungados

[1]O abade deve ocupar-se com toda a solicitude dos irmãos que caírem em falta, porque *não têm os sãos necessidade de médico, porém os enfermos.* [2]Deve, pois, como sábio médico, empregar todos os meios: enviará ocultamente simpectas, isto é, irmãos amadurecidos e sábios [3]que reconfortem, como em segredo, o irmão que vacila e o levem a uma humilde satisfação. Principalmente, que eles o consolem a fim de não ser absorvido pelo excesso da tristeza; [4]mas, como diz o Apóstolo, *é preciso que a caridade redobre para com ele e todos por ele rezem.* [5]O abade deve portanto empregar toda solicitude em relação aos irmãos que erram e usar de toda a sua sabedoria e habilidade a fim de não perder alguma das ovelhas confiadas aos seus cuidados. [6]Saiba que recebeu o encargo de dirigir almas fracas e não de exercer sobre as fortes um poder tirânico. [7]Tema a ameaça do Profeta, por intermédio da qual Deus assim se exprime: *tomáveis para vós as ovelhas que vos pareciam gordas e rejeitáveis as débeis.* [8]Imite, antes, o exemplo do bom Pastor que, *deixando sobre as montanhas as noventa e nove ovelhas, foi em busca de uma que se desgarrara, 9e tanto se compadeceu da sua fraqueza que se dignou carregá-la nos seus ombros sagrados e reconduzi-la assim ao rebanho.*

Capítulo XVIII - Os irmãos que muitas vezes castigados não se emendam

[1]Se algum irmão muitas vezes repreendido por qualquer falta e até excomungado não se emendar, é preciso infligir lhe uma correção mais rigorosa, isto é, usar do açoite. [2]Se ainda assim não se corrigir, ou talvez (o que Deus não permita) cheio de soberba, quiser defender o seu comportamento, o abade deverá agir então como um sábio médico. [3]Depois de haver empregado as fomentações, o unguento das exortações, os remédios da divina Escritura, finalmente a cauterização da excomunhão ou as contusões do açoite, [4]se vir que toda a sua habilidade nada pôde obter, deverá empregar o que é mais eficaz: suas preces e as de todos os irmãos, [5]a fim de que o Senhor que tudo pode, dê saúde ao irmão doente. [6]Mas, se este meio não operar a cura, use logo o abade do instrumento de amputação, segundo as

palavras do Apóstolo: *Afastai o mal do meio de vós.* 7E em outro lugar: *Se o infiel se vai embora, que se vá,* 8a fim de não ser todo o rebanho contaminado por uma só ovelha doente.

Capítulo XXIX - Se devem ser recebidos de novo os irmão que saírem do mosteiro

1Se um irmão por culpa sua sai ou é expulso do mosteiro e deseja voltar, prometerá primeiro corrigir-se inteiramente da falta que causou sua saída. 2Será então recebido e colocado em último lugar para que assim fique provada a sua humildade. 3Se tornar a sair será recebido até três vezes. Mas saiba que dali em diante lhe será negada toda possibilidade de regresso.

Capítulos XXX - Como corrigir os de menor idade

1Cada idade e cada entendimento deve ter uma norma própria de agir. 2Por conseguinte, quando os meninos, ou os irmãos mais moços, ou mesmo aqueles que são incapazes de compreender a pena de excomunhão, 3caírem em falta, serão castigados por jejuns rigorosos ou corrigidos por meio de castigos corporais, a fim de serem curados.

Capítulo XXXI - O celeireiro do mosteiro

1Para celeireiro do mosteiro será escolhido na comunidade um irmão sensato, de caráter refletido, sóbrio, moderado na comida, que não seja orgulhoso, turbulento, dado às injúrias, vagaroso, pródigo, 2mas sim temente a Deus e como que um pai para toda a comunidade. Deverá cuidar de tudo e 4nada fazer sem ordem do abade. 5Observe exatamente o que lhe for mandado; 6não entristeça os irmãos. 7Se acontecer que um irmão lhe faça um pedido desarrazoado, não o contriste tratando-o com desprezo; mas recuse com humildade e boas razões o que lhe pedirem fora de propósito.

8Vele com cuidado pela sua alma, lembrando-se sempre da sentença do Apóstolo: *Aquele que administra bem, adquire um grau mais elevado.* 9Tenha toda a solicitude para com os enfermos, meninos, hóspedes e pobres, sabendo com certeza que no dia do juízo deverá dar contas de todos eles. [10]Considere todos os móveis e bens do mosteiro como se fossem vasos sagrados do altar. [11]Não julgue poder negligenciar alguma coisa. [12]Não seja avarento, pródigo ou dissipador dos bens do mosteiro; mas faça tudo com medida e de acordo com as ordens do abade.

[13]Antes de tudo deverá ser humilde e quando não tiver em seu poder o que lhe pedem, dê ao menos em resposta uma boa palavra, [14]assim como está escrito: *Mais vale uma boa palavra do que a mais preciosa dádiva.* [15]Tenha a seu cuidado tudo o que o abade lhe tiver ordenado e não ouse intervir naquilo que lhe houver proibido. [16]Dê aos irmãos o alimento determinado, sem arrogância e sem demora, para que eles não se escandalizem, lembrando-se do castigo com que a palavra da Escritura ameaça *quem escandalizar um dos pequeninos.* [17]Se a comunidade for numerosa, receberá auxiliares, a fim de que, aliviado por eles, possa desempenhar o seu ofício com espírito tranquilo. [18]Será dado e pedido às horas convenientes aquilo que deve ser dado e pedido, [19]para que ninguém seja perturbado ou contristado na casa de Deus.

Capítulo XXXII - Os utensílios e móveis do mosteiro

[1]Dentre os irmãos, o abade escolherá aqueles cuja vida e costumes lhe inspiram confiança [2]e lhes entregará tudo o que possui o mosteiro em utensílios, vestuários e outros objetos, colocando-os aos seus cuidados como lhe parecer conveniente, a fim de que os conservem e guardem. [3]Desses objetos tenha o abade um inventário; de forma que, sucedendo-se os irmãos na administração, saiba ele o que dá e o que recebe.

[4]Se algum mostrar negligência e falta de asseio no tratamento dos objetos do mosteiro, será repreendido; [5]não se emendando, será submetido à disciplina regular.

Capítulo XXXIII - Se os monges devem ter alguma coisa própria

[1]Acima de tudo, seja este vício da propriedade extirpado do mosteiro pela raiz, [2]a fim de que ninguém ouse dar ou receber qualquer coisa sem autorização do abade, [3]nem possuir algo de próprio,

absolutamente nada, nem mesmo um livro, tabuinhas (de escrever) ou estilete; em uma palavra, coisa alguma, [4]como pessoas a quem não é permitido ter em seu poder sequer os seus corpos e a própria vontade. [5]Mas, devem esperar do pai do mosteiro todo o necessário. Não lhes seja lícito, portanto, possuir algo que o abade não lhes houver dado, ou permitido ter; [6]seja tudo comum para todos, conforme está escrito; e ninguém diga ou presuma ser sua alguma coisa.

[7]Se alguém for surpreendido a deleitar-se neste vício pernicioso, será advertido uma ou duas vezes; [8]não se emendando, será submetido à correção.

Capítulo XXXIV - Se todos devem receber igualmente o necessário

[1]Como está escrito: *Distribuía-se a cada um segundo as suas necessidades.* [2]Não queremos dizer com isto que haja acepção de pessoas, do que Deus nos preserve, mas que se tenham em vista as fraquezas de cada um. [3]Portanto, aquele que precisar de menos, dê graças a Deus e não se contriste; [4]quanto àquele que precisar de mais, humilhe-se por causa da sua fraqueza e não se orgulhe pela misericórdia que se tem para com ele. [5]Deste modo, todos os membros viverão em paz. [6]Principalmente, que não apareça o vício da murmuração, seja qual for o motivo, nem pela menor palavra nem por qualquer sinal. [7]Se alguém for nisso surpreendido, seja submetido a castigo muito severo.

Capítulo XXXV - O semanário da cozinha

[1]Os irmãos se servirão mutuamente, de forma que nenhum seja dispensado do trabalho da cozinha, a não ser por enfermidade ou ocupação de maior utilidade; [2]porque nesse ofício se adquire maior recompensa e caridade. [3]Serão concedidos auxiliares aos fracos para não desempenharem esta função com tristeza, [4]mas todos terão ajudantes conforme o tamanho da comunidade e a situação do lugar. [5]Se a comunidade for numerosa, o celeireiro será dispensado da cozinha, como também aqueles que tiverem ocupações mais importantes, segundo acima dissemos; [6]mas todos os outros se servirão mutuamente com caridade. [7]Aquele que termina a semana, fará no

sábado a limpeza. [8]Lavará as toalhas onde os irmãos enxugam as mãos e os pés. [9]O que termina a semana, bem como aquele que a principia, lavará os pés a todos. [10]Entregará ao celeireiro, limpos e inteiros, todos os objetos do seu serviço. [11]O celeireiro por sua vez os passará àquele que começa a semana, a fim de saber o que dá e o que recebe.

[12]Uma hora antes da refeição, tomem os semanários além da porção costumada, um pouco de pão e de vinho, [13]para que possam servir os seus irmãos sem murmuração nem grande cansaço. [14]Nos dias solenes, porém, esperarão até às orações finais. [15]Os que entram de semana e os que saem deverão ajoelhar-se aos pés de todos no Oratório, no domingo, logo após as Laudes, pedindo que orem por eles. [16]O que terminou a semana dirá este versículo: *Bendito sois Senhor Deus, que me ajudastes e consolastes.* [17]Tendo repetido três vezes, receberá a bênção. O que principia a semana dirá em seguida: *Deus, vinde em meu auxílio, Senhor, apressai-vos em me socorrer.*

[18]E depois deste versículo repetido três vezes por todos, receberá ele a bênção e entrará em função.

Capítulo XXXVI - Os irmãos enfermos

[1]Antes de tudo e acima de tudo, é preciso cuidar dos enfermos, que deverão ser servidos como se fossem o Cristo em pessoa, [2]Porquanto ele próprio disse: Estive enfermo e me visitastes. [3]E ainda: *O que fizestes a um desses pequeninos que são meus, vós a mim o fizestes.* [4]Por seu lado, os doentes considerem que são servidos em honra de Deus e não contristem com exigências supérfluas os irmãos que os servem. [5]É preciso, contudo, suportá-los com paciência, porque se adquire junto a eles maior recompensa. [6]Vele, pois, o abade, com a máxima solicitude, para que não sofram eles alguma negligência.

[7]Os irmãos doentes terão um aposento separado e para servi-lo uma pessoa temente a Deus, caridosa e solícita. [8]Aos enfermos o uso dos banhos é oferecido todas as vezes que for conveniente; mas, aos que estão com saúde, principalmente aos moços, deverão ser permitidos mais raramente. [9]Aos doentes e aos muito debilitados concede-se também o uso da carne a fim de lhes reparar as forças, mas logo que melhorarem, guardem todos a abstinência, segundo o costume.

[10]Tenha o abade o maior cuidado para que os celeireiros e os

enfermeiros nada negligenciem no serviço dos doentes, porque é ele o responsável por todas as faltas em que possam incorrer os seus discípulos.

Capítulo XXXVII - Os velhos e os meninos

[1]Embora o homem seja inclinado por natureza à compaixão para com a velhice e a infância, a autoridade da Regra deve, contudo, providenciar a seu respeito. [2]Tenha-se pois em vista, sempre, a sua fraqueza e, de modo algum, se guarde para com eles o rigor da Regra no que diz respeito à alimentação; [3]mas, tenha-se para com eles uma atenção caridosa e antecipem-se para eles as horas regulares das refeições.

Capítulo XXXVIII - O leitor semanário

[1]A leitura nunca deve faltar à mesa dos irmãos durante a refeição. Não ouse ler quem porventura tomar um livro, mas aquele que deve ler a semana inteira começará no domingo. [2]Após a missa e comunhão, recomende-se às orações de todos para que Deus desvie dele o espírito de orgulho. [3]Digam todos no oratório por três vezes este versículo, que ele começará: *Ó Senhor, abre os meus lábios, e minha língua anunciará o teu louvor.* [4]Recebida a bênção, começará sua semana de leitura. [5]À mesa observe-se completo silêncio, de modo que não se ouça ali sussurro ou palavras de ninguém, mas apenas a voz do leitor. [6]Os irmãos passarão uns aos outros o necessário para comer e beber, de forma que nenhum precise pedir alguma coisa. [7]No entanto se alguém necessitar de alguma coisa, ele a pedirá de preferência por meio de som ou de algum sinal em vez de palavras. [8]Ninguém tenha a ousadia de fazer perguntas sobre a leitura ou qualquer outro assunto, a fim de não dar ocasião ao maligno. [9]Contudo, o superior poderá dizer alguma coisa em poucas palavras, para edificação dos irmãos.[10]O leitor semanário tomará um pouco de vinho antes de começar a leitura, por causa da comunhão e para que o jejum não lhe seja difícil de suportar. [11]Tomará em seguida a sua refeição com os serventes e semanários da cozinha. [12]Os irmãos não leiam nem cantem segundo a sua ordem, mas somente aqueles que possam edificar os ouvintes.

Capítulo XXXIX - A medida do alimento

[1]Parece-nos que dois pratos cozidos são suficientes em todas as mesas para a refeição quotidiana tanto da sexta como da nona hora, em atenção às fraquezas de cada um; [2]de forma que, se alguém não puder comer de um prato alimente-se do outro. [3]Portanto, dois pratos de cozidos são suficientes para os irmãos e, se houver frutas ou legumes tenros, serão acrescentados em terceiro lugar. [4]Uma libra de pão bem pesada chegará para cada dia, quer se faça uma só refeição, quer se tenha de jantar e cear. [5]No dia em que houver ceia, o celeireiro reservará um terço desta libra para ser servida naquela refeição.

[6]Se houver algum trabalho maior, dependerá do critério e do poder do abade acrescentar alguma coisa, se o julgar conveniente, [7]evitando antes de tudo os excessos, para que o monge nunca seja surpreendido por uma indigestão; [8]porquanto, nada mais oposto ao cristão que o excesso na comida, [9]conforme estas palavras de Nosso Senhor: *Tomai cuidado para que vossos corações não se tornem mais pesados pela gula e embriaguez.* [10]Quanto aos meninos mais novos, não lhes seja servida a mesma quantidade de comida e sim menos do que aos mais velhos, guardando em tudo a sobriedade.

[11]Abstenham-se todos de carne de quadrúpedes, exceto os doentes muito enfraquecidos.

Capítulo XL - A medida da bebida

[1]Cada qual *recebeu de Deus o seu dom especial: um de um modo, outro de outro.* [2]Portanto, não é sem escrúpulo que ousamos determinar para os outros a quantidade dos seus alimentos. [3]Todavia, tendo em vista o temperamento dos fracos, parece-nos que um quarto de litro de vinho por dia é bastante para cada um. [4]Quanto àqueles a quem Deus concede forças para dispensá-lo, saibam que receberão recompensa especial.

[5]Se porém, a situação do lugar, o trabalho ou o grande calor do verão pedirem alguma coisa mais, o critério do superior o decidirá; cuide ele de tudo para que não se introduza a saciedade ou a embriaguez. [6]Lemos, é verdade, que o vinho não convém de forma alguma aos monges; mas, como não é possível convencer disso os monges

do nosso tempo, procuremos ao menos não beber até à saciedade, mas com moderação, [7]porque *o vinho faz apostatar até os sábios.*

[8]Se porém, a pobreza do lugar não permitir que se obtenha a referida quantidade de vinho e sim muito menos ou absolutamente nada, os que aí vivem deem graças a Deus e não murmurem, [9]porquanto acima de tudo advertimos que se abstenham de qualquer murmuração.

Capítulo XLI - A que horas os monges tomam as refeições

[1]Desde a santa Páscoa até Pentecostes, os irmãos farão a sua refeição à hora Sexta e cearão à tardinha. [2]Durante todo o verão a partir de Pentecostes, jejuarão às quartas e sextas-feiras até à hora de Noa, se não tiverem trabalhos nos campos ou se o calor excessivo do verão não os incomodar. [3]Nos outros dias jantarão à hora de Sexta. [4]Esta hora de Sexta deverá ser conservada para o jantar, se houver trabalho nos campos ou se o calor do verão for excessivo; a previdência do abade o decidirá. [5]Assim deverá ele equilibrar e dispor tudo, de forma que as almas se salvem e os irmãos façam a sua obrigação sem justa murmuração.

[6]Desde quatorze de setembro até o começo da Quaresma, os irmãos farão a refeição à hora de Noa. [7]Mas, durante a Quaresma até à Páscoa, comerão à hora de Vésperas. [8]Seja celebrada esta hora das Vésperas de forma que não necessitem de lâmpada na refeição, terminando tudo ainda com a claridade do dia. [9]Aliás, em qualquer tempo, quer haja ceia, quer haja somente jantar, regule-se a hora de tal modo, que tudo se faça enquanto ainda está claro.

Capítulo XLII - Que ninguém fale depois das completas

[1]Em todo tempo devem os monges aplicar-se ao silêncio, mas principalmente durante as horas da noite. [2]Assim se procederá em todo tempo, quer jejuem quer jantem. [3]Quando houver jantar, logo ao se levantarem da ceia, sentem-se todos juntos e um deles leia as Conferências ou a Vida dos Padres, ou alguma coisa que edifique os ouvintes. [4]Todavia não se lerá o Pentateuco nem o Livro dos Reis, porque não seria útil às inteligências frágeis ouvir em tal momento essa parte da Escritura, que deverá ser lida em outras horas.

[5]Se for dia de jejum, ditas as Vésperas, após breve intervalo reúnam-se logo para a leitura, como dissemos. 6Leiam-se quatro a cinco folhas ou quanto a hora permitir, [7]devendo todos reunir-se durante esse tempo de leitura. Se algum estiver ocupado em trabalho que lhe tenha sido confiado, compareça sem demora. [8]Reunidos todos, serão ditas as Completas; após a saída, a ninguém mais se permitirá falar seja o que for. [9]Se alguém for encontrado infringindo essa Regra de silêncio, seja submetido a castigo muito severo. [10]Excetua-se o caso em que for necessário receber hóspedes ou tendo o abade qualquer coisa a ordenar a alguém. [11]Mesmo assim deve-se proceder com toda seriedade e digna moderação.

Capítulo XLIII - Os que chegam tarde ao ofícios divino ou a mesa

[1]A hora do Ofício Divino, logo ao ouvir o sinal, deixa-se o que se tem entre as mãos, comparecendo com toda a presteza, [2]com gravidade, porém, a fim de não dar incentivo a desenvoltura. [3]Portanto, nada se anteponha à Obra de Deus.

[4]Se alguém chegar às Vigílias da noite depois do Glória do salmo noventa e quatro, que por isso desejamos se diga de modo lento e muito prolongado, não permanecerá em sua ordem no coro; [5]mas ficará no último lugar, ou em outro lugar à parte, designado pelo abade para esses negligentes, a fim de que ele e todos o possam ver [6]e acabado o Ofício Divino faça penitência dando satisfação diante de todos. [7]Se achamos conveniente colocá-los assim separados ou em último lugar, é a fim de se corrigirem ao menos pela vergonha de se acharem expostos aos olhares de todos. [8]Porquanto, se ficassem fora do oratório, talvez algum deles fosse de novo deitar-se e dormir, ou então, sentando-se do lado de fora, se entregasse a conversas e desse ocasião ao espírito maligno. [9]Entre, pois, a fim de não perder tudo e emendar-se daí em diante.

[10]Nas Horas do dia, aquele que chegar depois do versículo e do Glória do primeiro salmo que segue a esse versículo, permanecerá também em último lugar, da forma que acabamos de estabelecer, [11]e não ousará reunir-se ao coro dos monges na salmodia até que tenha dado satisfação, a não ser que o abade o permita; [12]mas ainda nesse caso deverá o culpado dar satisfação.

[13]À mesa, aquele que não chegar antes do versículo, de modo que todos o digam juntos com a oração e se sentem à mesa ao mesmo tempo, [14]sendo por negligência ou por culpa sua, será repreendido até duas vezes. [15]Se não se emendar, não lhe será permitido participar da mesa comum; [16]separado assim da companhia de todos, comerá só e será privado de sua porção de vinho até que tenha dado satisfação e se tenha corrigido, [17]Sofrerá igual castigo aquele que não estiver presente ao versículo que se diz depois da refeição.

[18]Ninguém ouse comer ou beber seja o que for, antes ou depois da hora determinada; [19]mas, se o superior oferecer alguma coisa a um monge e este a recusar, quando ele desejar o que antes recusara ou qualquer outra coisa, não o receberá até que tenha dado conveniente satisfação.

Capítulo XLIV - Como devem os excomungados satisfazer

[1]Aquele que por uma falta grave tiver sido excomungado do oratório e da mesa comum, mantenha-se prostrado em silêncio diante da porta do oratório, na hora em que ali se celebra o Ofício Divino. [2]Mas, ao saírem os monges do oratório, prostre-se aos pés de todos, com o rosto em terra. [3]Assim fará até que o abade julgue haver reparado. [4]Dando, pois, o abade ordem, irá prostrar-se aos seus pés e aos de todos os irmãos, para que rezem por ele.

[5]Se o abade o ordenar, será então readmitido no coro, no lugar que por ele lhe for designado; [6]no entanto, não poderá, sem nova ordem do abade, entoar no oratório salmos, leitura ou seja o que for, [7]E, por ocasião de todas as Horas quando terminar o Ofício Divino, prostrar-se-á no lugar onde estiver, [8]satisfazendo deste modo, até que o abade lhe mande cessar.

[9]Quanto àquele que, por culpas leves, é apenas excomungado da mesa comum, satisfaça no oratório, continuando a fazê-lo segundo a ordem do abade [10]até que este lhe dê a bênção e diga: Basta.

Capítulo XLV - Os que erram no coro

[1]Quando alguém se enganar ao recitar um salmo, responsório, antífona ou leitura, se não se humilhar ali mesmo, perante todos,

dando satisfação, será submetido a correção mais severa [2]por não ter querido reparar com um ato de humildade a falta cometida por negligência, [3]Os meninos, quando caírem em tais faltas, receberão castigos corporais.

Capítulo XLVI - Os que incorrem em qualquer outra falta

[1]Quando num trabalho qualquer, na cozinha, no celeiro, numa oficina, na padaria, no jardim, no exercício de algum ofício, ou em qualquer lugar, alguém cair em falta, [2]quebrar ou perder alguma coisa, ou cometer qualquer outra transgressão, [3]se não vier imediatamente, por sua livre vontade, dar satisfação e declarar o seu erro em presença do abade e de toda a comunidade, [4]sendo a sua falta conhecida por intermédio de outro, será submetido à correção mais severa.

[5]Mas, tratando-se de pecado oculto na consciência, manifestará somente ao abade ou aos conselheiros espirituais, [6]que sabem curar os próprios males e os dos outros, sem os revelar ou divulgar.

Capítulo XLVII - O modo de anunciar a hora do ofício divino

[1]A o abade cabe o cuidado de dar o Sinal para o Ofício Divino, quer de dia quer de noite; ele próprio exercerá esta função ou a confiará a um monge tão atento que tudo se faça às horas devidas.

[2]Quanto aos salmos e antífonas, aqueles que houverem recebido ordem os entoarão por sua vez depois do abade. [3]Mas ninguém ouse cantar ou ler, se não puder desempenhar este ofício de modo a edificar os ouvintes; [4]seja portanto esta função executada com humildade, gravidade e temor, e por aquele a quem o abade tiver ordenado.

Capítulo XLVIII - O trabalho manual cotidiano

[1]A ociosidade é inimiga da alma. Os irmãos devem portanto ocupar-se em certos momentos com o trabalho manual e em outras horas fixas com a leitura das coisas de Deus.

[2]Eis porque julgamos necessário determinar a divisão do tempo do seguinte modo: [3]desde a Páscoa até quatorze de setembro, os irmãos saem de manhã e trabalham no que for preciso, desde às sete

horas da manhã até perto das dez horas. [4]A partir das dez horas até perto das doze horas (Hora Sexta), se ocupam com a leitura. [5]Depois da Sexta, ao levantarem-se da mesa, repousem nas suas camas, em completo silêncio, Se alguém quiser ler, leia para si de modo a não incomodar os outros. [6]A Noa será um pouco antecipada pelas duas horas e meia da tarde; depois voltam ao trabalho designado, até às Vésperas.

[7]Se porém a necessidade do lugar ou a pobreza exigirem que se ocupem por si mesmos em fazer a colheita, não se entristeçam, [8]porque são verdadeiramente monges, quando vivem do trabalho de suas mãos, como os nossos Pais e os Apóstolos. [9]Mas, faça-se tudo com moderação por causa dos fracos. [10]Desde quatorze de setembro até à entrada da Quaresma, entreguem-se à leitura até perto das nove horas. [11]Em seguida reze-se a Terça; e depois até à hora da Noa todos se entreguem ao trabalho que lhes tiver sido designado. [12]Ao primeiro som da Noa, cada um deixe o seu trabalho e se apronte para o momento em que tocar o segundo sinal. [13]Depois da refeição, se ocupem com as suas leituras ou com o estudo dos salmos. [14]Durante a Quaresma façam as suas leituras desde a manhã até perto das dez horas; em seguida se ocupem com o trabalho que lhes for designado, até às quatro horas da tarde. [15]Nesses dias de Quaresma, cada um receba da biblioteca um livro que deve ler por inteiro e em ordem. [16]Esses livros são distribuídos no início da Quaresma. [17]Antes de tudo designe-se um ou dois irmãos antigos, que serão encarregados de percorrer o mosteiro às horas em que os irmãos se entregam à leitura [18]e ver se há talvez algum irmão negligente que, em vez de se aplicar na leitura, se dê à ociosidade ou a conversas vãs e não somente se prejudica a si, mas também dissipa os outros. [19]Se, o que Deus não permita, um irmão for surpreendido em semelhante falta, será repreendido uma até duas vezes; [20]se não se emendar, será submetido à correção regular de modo a intimidar os outros. [21]Um irmão não se reunirá com outro em horas inconvenientes. [22]Aos domingos, todos os irmãos se ocupem com a leitura, exceto aqueles que estão encarregados dos diversos ofícios. [23]Se houver algum tão negligente e preguiçoso que não queira ou não possa meditar ou ler, seja-lhe dado um trabalho a fazer, a fim de não ficar ocioso.

[24]Quanto aos irmãos doentes ou fracos, sejam incumbidos de

ocupação ou ofício tal que lhes evite a ociosidade sem oprimi-los com excesso de trabalho, a fim de que não desanimem. [25]A sua fraqueza deverá ser levada em consideração pelo abade.

Capítulo XLIX - A observância da quaresma

[1]Se bem que a vida do monge deva ser em todo tempo conforme à observância da Quaresma, [2]como entretanto esta virtude é apenas de poucos, exortamos a que vivam durante estes dias da Quaresma com toda a pureza se apaguem nesses dias santos todas as negligências dos outros tempos. [4]É o que faremos dignamente, renunciando a todos os vícios, aplicando-nos à oração acompanhada de lágrimas, à leitura, à compunção do coração e à abstinência.

[5]Acrescentemos, portanto, nestes dias alguma coisa ao encargo habitual de nosso serviço: orações especiais, qualquer privação na comida e na bebida, [6]de forma que cada um ofereça a Deus por sua livre vontade, na alegria do Espírito Santo, alguma coisa mais do que lhe é ordenado, [7]isto é, mortifique seu corpo na comida, na bebida, no sono, na liberdade de falar e gracejar, esperando a santa Páscoa com a alegria do desejo espiritual.

[8]No entanto, cada um deverá declarar ao seu abade o que deseja oferecer, a fim de fazê-lo com a sua oração e bênção; [9]porque tudo o que se faz sem a permissão do pai espiritual será considerado como presunção e vanglória e não terá recompensa. [10]Tudo se faça, portanto, com a aprovação do abade.

Capítulo L - Quando os irmãos trabalham longe do oratório ou estão em viagem

[1]Os irmãos que estão trabalhando a uma distância considerável e não podem comparecer no oratório à hora determinada, [2]julgando o abade que assim é, [3]celebrarão o Ofício Divino no lugar em que se acharem trabalhando, pondo-se de joelhos com temor de Deus.

[4]Do mesmo modo, aqueles que estiverem em viagem não deixarão passar as Horas determinadas, mas como puderem, ali mesmo as desempenhem, não negligenciando o cumprimento desta obrigação.

Capítulo LI - Quando os irmãos vão a lugares pouco afastados

[1]Os irmãos que saem para alguma incumbência, se esperam voltar no mesmo dia ao mosteiro, não ousarão comer fora, ainda mesmo que sejam convidados com insistência por alguém, [2]a não ser que o abade tenha permitido. [3]Se procederem de outra forma, serão excomungados.

Capítulo LII - O oratório do mosteiro

[1]O oratório seja o que o seu nome significa. Nada de diferente se faça ou se guarde ali. [2]Terminado o Ofício Divino, saiam todos com o maior silêncio e observem a reverência para com Deus; [3]de modo que, se algum irmão quiser ficar para rezar em particular, não seja impedido pela imoderação de outro.

[4]Assim também, se alguém, em outro momento, quiser rezar com mais silêncio entre simplesmente e reze, não em voz alta, mas com lágrimas e fervor do coração. [5]A quem não proceder assim não lhe será permitido permanecer no oratório depois do Ofício Divino, como já dissemos, para não ser obstáculo a outro.

Capítulo LIII - Recepção dos hóspedes

[1]Todos os hóspedes que vêm ao mosteiro são recebidos como o próprio Cristo, porquanto ele dirá um dia: *Fui hóspede e me recebestes.* [2]São concedidas a cada um as honras devidas, especialmente aos que professam a fé e aos peregrinos.

[3]Logo que se houver anunciado a chegada de um hóspede, o superior e os irmãos vão ao seu encontro com toda a solicitude da caridade. [4]Primeiro rezem juntos e em seguida deem-se mutuamente a paz. [5]Este beijo da paz não deve ser dado antes da oração por causa das ilusões diabólicas. [6]Na maneira de saudar os hóspedes, proceda-se com toda a humildade. [7]Diante de todos aqueles que chegam ou partem incline-se a cabeça ou mesmo prostre-se inteiramente em terra, adorando o Cristo que neles se recebe. [8]Assim acolhidos, os hóspedes são conduzidos à oração; depois, o superior ou aquele que este houver determinado, sente-se com eles. [9]Leia-se em sua presença a

lei divina para edificá-los, concedendo-lhes, depois, um tratamento cheio de humanidade.

[10]O superior quebre o jejum à chegada de um hóspede, a não ser que se trate de um dos principais jejuns, que não se pode violar. [11]Quanto aos irmãos, continuem a observar os jejuns.

[12]O abade serve aos hóspedes a água para lavar as mãos; [13]mas os pés de todos os hóspedes são lavados tanto pelo abade como por toda a comunidade. [14]Depois de os haverem lavado, dizem este versículo: *Recebemos, Senhor, vossa misericórdia no meio de vosso templo.*

[15]Sejam recebidos com todo o cuidado e solicitude particular os pobres e peregrinos, por ser principalmente na pessoa deles que se recebe o Cristo; no que diz respeito aos ricos, o temor que inspiram já obriga a honrá-los.

[16]A cozinha do abade e dos hóspedes é separada, a fim de não serem os irmãos incomodados com a chegada dos hóspedes, que aparecem a horas incertas e nunca faltam no mosteiro. [17] Todos os anos, entrem em serviço nessa cozinha dois irmãos aptos a bem desempenharem este trabalho. [18]Sejam concedidos auxiliares conforme a necessidade que tiverem, a fim de servirem sem murmurar. E, quando tiverem menos que fazer, vão trabalhar onde lhes for ordenado.

[19]Não só neste ofício, mas em todos os outros do mosteiro, observe-se esta disposição: [20]quando for preciso, os irmãos recebam ajudantes; quando lhes faltar ocupação, obedeçam fazendo o que lhes for ordenado.

Quanto aos aposentos dos hóspedes, são confiados a [21]um irmão cuja alma esteja penetrada do temor de Deus. [22]Haverá nesse lugar camas preparadas em número suficiente; e a casa de Deus seja sabiamente administrada por pessoas sábias.

[23]Sem haver recebido ordem, ninguém se reúna com os hóspedes nem lhes fale; [24]mas, se alguém os encontrar ou avistar, cumprimente-os com humildade, como já dissemos, e tendo pedido a bênção, siga seu caminho, declarando não lhe ser permitido conversar com os hóspedes.

Capítulo LIV - Quando um monge recebe cartas e presentes

[1]Sem permissão do abade, um monge não pode de forma alguma receber de seus pais, ou de quem quer que seja, mesmo dos irmãos, cartas, presentes ou pequenas dádivas, nem mesmo mandá-las a alguém.

[2]Ainda que seus pais lhe enviem alguma coisa, não ouse recebê-la antes de o abade ter sido informado. [3]Se ordenar o abade que o objeto seja recebido, cabe-lhe determinar a quem deve ser dado; [4]e o irmão a quem era destinado, não se contristará absolutamente, *para não dar entrada ao demônio.* [5]Quem ousar proceder de outra forma, será submetido à disciplina regular.

Capítulo LV - O vestuário e o calçado dos irmãos

[1]Os irmãos recebem o vestuário de acordo com as condições e a temperatura dos lugares em que habitam, [2]pois nas regiões frias é necessário mais roupa e nas regiões quentes, menos; [3]O abade deve, portanto, levar isso em consideração. [4]Julgamos todavia que, nos climas temperados, bastam a cada monge uma cogula e uma túnica: [5]a cogula de fazenda felpuda para o inverno e leve ou usada para o verão. [6]Além disso, um escapulário para o trabalho; também para calçar, meias e sapatos.

[7]Os monges não devem se incomodar por causa da cor e da rusticidade dessas vestes; aceitem o que se encontrar na região onde habitam e que seja o mais barato possível.

[8]Quanto à medida dos hábitos, o abade terá o cuidado de que não sejam demasiadamente curtos e sim proporcionados à altura daqueles que vão vesti-los. [9]Quando se recebem novos, entreguem-se os usados, que são colocados na rouparia, para os pobres; [10]porquanto bastam a um monge duas túnicas e duas cogulas para mudá-las à noite e as lavar. [11]Tudo o que exceder a isso é supérfluo e deve ser supresso. [12]Os monges entregarão igualmente o calçado velho e tudo quanto estiver usado, logo que recebam novos.

[13]Os que tiverem de viajar recebem calções da rouparia, e no regresso os restituem lavados. [14]As cogulas e as túnicas daqueles que saem sejam um pouco melhores do que as que usam habitualmente; recebam da rouparia ao partir, e ao voltar, as entreguem lavadas. [15]Para arrumar a cama bastem uma esteira, um lençol grosso, um cobertor e um travesseiro. [16]O abade visite com frequência estes leitos para verificar se neles não se encontra algum objeto de que se tenham apropriado. [17]Se for descoberta na cama de alguém alguma coisa que não tenha recebido do abade, será submetido a correção muito severa.

[18]E, a fim de que este vício da propriedade seja cortado pela raiz, o abade dê a cada um tudo o que lhe for necessário, 19a saber: cogula, túnica, meias, sapatos, cinto, faca, estilete, agulha, lenço, tabuinha, a fim de evitar toda desculpa de necessidade. [20]O abade deve, contudo, lembrar-se sempre desta sentença dos Atos dos Apóstolos: *Dava-se a cada um conforme a sua necessidade.* [21]Atenda, portanto, o abade às necessidades reais e não leve em conta as más disposições dos invejosos. [22]Em todas as suas decisões pense entretanto na retribuição de Deus.

Capítulo LVI - Mesa do abade

[1]A mesa do abade seja sempre com os hóspedes e peregrinos. [2]Todavia, quando os hóspedes forem em menor número, poderá chamar os irmãos que quiser. [3]Terá, porém, o cuidado de deixar com os irmãos um ou dois dos mais antigos para manterem a disciplina.

Capítulo LVII - Os artistas do mosteiro

[1]Se houver artistas no mosteiro exerçam sua profissão com toda a humildade e reverência, se o abade o permitir. [2]Se algum dentre eles se envaidecer pela sua habilidade no ofício, parecendo-lhe que traz vantagem para o mosteiro, [3]será retirado desse trabalho e não tornará a exercê-lo a não ser que se humilhe e o abade lhe ordene de novo.

[4]Tendo-se de vender algum trabalho feito pelos artistas, aqueles por cujas mãos devem passar os objetos, não se atrevam a cometer alguma fraude. [5]Lembrem-se de Ananias e Safira, para que a morte por esses padecida no corpo, [6]não a venham a sofrer na alma, eles e todos aqueles que cometessem fraude em relação aos bens do mosteiro. [7]Não se introduza nos preços o mal da avareza, [8]mas ao contrário, sempre se venda um pouco mais barato do que os seculares, [9]a fim de que *em tudo seja Deus glorificado.*

Capítulo LVIII - Como receber os irmãos

[1]Quando alguém se apresentar no mosteiro para converter-se, não se lhe deve permitir facilmente entrada; [2]mas faça-se, como diz o Apóstolo: *Experimentai os espíritos a fim de saber se são de Deus.* [3]Se durante

quatro ou cinco dias o recém-vindo perseverar em bater à porta e se mostrar paciente em suportar todas as injúrias que lhe fazem e a dificuldade da entrada, persistindo no seu pedido, [4]a entrada lhe será concedida e a sua morada será pelo espaço de alguns dias na habitação dos hóspedes, [5]passando depois disto a ser na casa do noviciado, onde ele irá meditar, comer e dormir. [6]Designe-se para cuidar dele um monge antigo e apto a ganhar as almas, que atentamente o vigie em tudo. [7]Haja solicitude para conhecer se verdadeiramente procura a Deus, se é fervoroso no Ofício Divino, pronto na obediência e em sofrer os opróbrios. [8]Sejam-Ihe manifestadas todas as coisas duras e ásperas pelas quais se alcança a Deus. [9]Se prometer perseverar com firmeza, passados dois meses, lê-se para ele esta Regra por ordem [10]e lhe será dito: "Eis aqui a lei sob a qual queres militar; se podes observá-la entra; no caso contrário, tens a liberdade de te retirar". [11]Se insistir ainda em permanecer, será reconduzido ao noviciado e continue-se a experimentar-lhe a paciência de todos os modos.

[12]Após um período de seis meses, leia-se ainda para ele a Regra, a fim de bem saber a que se obriga. [13]Se ainda permanecer, leia-se de novo esta mesma Regra passados quatro meses.

[14]Se, depois de haver deliberado consigo mesmo, prometer cumpri-la em todos os pontos e observar tudo quanto lhe for ordenado, será então admitido na comunidade, [15]sabendo que em virtude da mesma Regra não lhe é permitido, desde este dia, abandonar o mosteiro, [16]nem sacudir o jugo desta Regra que, após tão longa deliberação, poderia ter recusado ou aceitado, [17]Aquele que vai ser recebido prometa diante de todos no oratório estabilidade, conversação dos seus costumes e obediência, [18]em presença de Deus e dos seus santos, a fim de saber que, se um dia proceder de outra forma, será condenado por aquele a quem enganou. [19]Desta promessa ele fará uma carta em nome dos santos cujas relíquias se encontram nesse lugar e do abade presente. [20]Escreva esta carta com sua própria mão, ou, se ele não souber escrever, um outro a quem ele pedir, a escreva. O noviço ponha nela um sinal e a coloque com as suas próprias mãos sobre o altar. [21]Logo em seguida, o noviço começa este versículo: *Recebei-me, Senhor, segundo a vossa palavra e viverei; e não serei confundido na minha esperança.* [22]Toda a comunidade repetirá três vezes depois dele esse versículo ao qual se acrescenta o "Glória ao Pai". [23]O irmão noviço

se prostra em seguida aos pés de cada um, a fim de que orem por ele; e, desta data em diante, será considerado membro da comunidade. [24]Se possuir alguns bens, ou ele primeiro os distribui aos pobres ou por uma doação legal os confere ao mosteiro, nada absolutamente reservando para si; [25]0porquanto deve saber que daquele dia em diante não poderá dispor nem mesmo do seu próprio corpo.

[26]Imediatamente seja despojado, no oratório, das suas próprias vestes, e revestido de outras pertencentes ao mosteiro. [27]Entretanto, as vestes que tiver tirado sejam colocadas na rouparia para serem conservadas [28]a fim de que, se um dia, por instigação diabólica, ele consentir em sair do mosteiro (o que Deus não permita) possam ser-lhe tiradas as vestes do mosteiro antes de despedi-lo. [29]Contudo não lhe será restituída a carta que o abade retirou de cima do altar, mas será guardada no mosteiro.

Capítulo LIX - Os filhos dos nobres ou dos pobres que são oferecidos

[1]Se algum nobre quiser oferecer seu filho a Deus no mosteiro, sendo o menino de pouca idade, os próprios pais fazem a carta de que acima falamos. [2]EnvoIvem a carta e a mão da criança, com a oblação, na toalha do altar, e desse modo a oferecem. [3] Quanto aos seus bens, ou eles se comprometem sob juramento, pela carta apresentada, a nunca darem coisa alguma ao menino, nem lhe proporcionarem jamais ocasião de possuir, quer por seu intermédio, quer pela intervenção de terceiro ou mesmo de qualquer outra maneira; [4]ou então, se não o quiserem fazer e tiverem no entanto a intenção de oferecer alguma coisa de esmola ao mosteiro, a título de recompensa, [5]façam doação do que desejarem dar à comunidade, reservando mesmo para si o usufruto, se o quiserem. [6]Por esse meio, se fecham todos os caminhos, de forma que não restará ao menino a menor esperança, que serviria apenas para enganá-lo e perdê-lo (do que Deus o preserve), conforme temos aprendido pela experiência. [7]Aqueles que forem menos abastados procedam do mesmo modo. [8]Quanto aos que absolutamente nada possuem, façam simplesmente a carta e ofereçam seu filho com a oblação, em presença de testemunhas.

Capítulos LX - Os sacerdotes que desejam habitar no mosteiro

[1]Se algum sacerdote pedir para ser recebido no mosteiro, não se consinta rapidamente ao seu desejo; [2]contudo se persistir com insistência no seu pedido, saiba que terá de cumprir toda a disciplina da Regra [3]e nenhuma dispensa lhe será concedida, para que se faça como está escrito: *Meu amigo, com que intenção vieste?* [4]Todavia lhe será permitido sentar-se junto ao abade, dar a bênção ou concluir as orações finais, se, porém, o abade o autorizar; [5]no caso contrário, não presuma fazer coisa alguma, sabendo que está sujeito à disciplina da Regra, e deve principalmente dar a todos exemplo de humildade.

[6]Ao tratar-se no mosteiro de lugar a ocupar, ou em outra qualquer circunstância, [7]ele considerará como seu o lugar correspondente à sua entrada no mosteiro e não aquele que lhe concederam em atenção ao sacerdócio. [8]Se algum clérigo, impelido pelo mesmo desejo, quiser ser incorporado ao mosteiro, será colocado em lugar médio, [9]se todavia prometer a observância da Regra e a própria estabilidade.

Capítulo LXI - Como receber o monges estrangeiro

[1]Quando um monge estrangeiro, vindo de regiões longínquas, quiser habitar no mosteiro na qualidade de hóspede, [2]e se contentar com o gênero de vida que ali encontrar, [3]seja recebido pelo espaço de tempo que desejar, contanto que não perturbe o mosteiro pelas suas exigências, mas simplesmente se contente com o que encontrar.

[4]Achando ele alguma coisa a censurar ou a advertir com razão, humildade e caridade, o abade examine com prudência se não foi talvez justamente para esse fim que o Senhor o enviou.

[5]Se mais tarde ele quiser fixar a sua estabilidade, não se faça oposição a esta vontade, tanto mais que se pôde avaliar o seu modo de vida durante o tempo da hospitalidade. [6]Se, porém, durante a sua hospedagem se houver notado que é exigente e vicioso, não só não deve ser agregado ao corpo do mosteiro, [7]mas seja-lhe dito cortesmente que se retire para não prejudicar os outros com a sua miséria. [8]Entretanto, se a sua conduta não for tal que ele mereça ser despedido, não só deve ser recebido e incorporado à comunidade se o pedir, [9]mas ainda deve ser aconselhado a permanecer, a fim de que os outros se

instruam com o seu exemplo e [10]porque em toda parte se serve ao mesmo Senhor e se combate sob o estandarte do mesmo Rei. [11]Se o abade o julgar digno, poderá até estabelecê-lo em lugar um pouco mais elevado.

[12]E não só aos monges, mas também aos sacerdotes e clérigos de que acima falamos, o abade pode colocar em lugar superior ao da sua entrada, se reconhecer que a vida deles o merece. [13]Mas, abstenha-se o abade de receber para morar ali um monge de mosteiro conhecido, sem o conhecimento do seu abade, ou sem cartas de recomendação, [14]porquanto está escrito: *Não faças a outro aquilo que não queres que te façam.*

Capítulo LXII - Os sacerdotes do mosteiro

[1]Se o abade desejar que se ordene um sacerdote ou um diácono para o seu mosteiro, escolha dentre os seus monges, algum que seja digno de exercer o sacerdócio.

[2]Quanto àquele que tiver sido ordenado, deve acautelar-se contra a exaltação e o orgulho. [3]Não deve portanto tomar parte em coisa alguma, se não houver recebido ordem do abade, considerando-se como muito mais sujeito, de então em diante, a disciplina da Regra. [4]Não lhe seja o sacerdócio motivo de esquecer a obediência e a observância prescritas na Regra; mas, ao contrário, progrida cada vez mais no caminho do Senhor.

[5]Excetuando nas funções do altar, considere sempre como seu o lugar de sua entrada no mosteiro, [6]ainda mesmo que a escolha da comunidade e a vontade do abade o tenham elevado mais alto pelo mérito da vida. [7]Saiba, no entanto, que tem de observar as disposições feitas pelos decanos ou outros superiores; [8]se ousar proceder de outra forma, seja considerado não como sacerdote, mas como rebelde. [9]E se depois de muitas vezes admoestado não se corrigir, chame-se o bispo como testemunha. [10]Se ainda não se emendar por esse meio, tornando-se conhecidas as suas faltas, será expulso do mosteiro, [11]no caso em que a sua obstinação seja tal que recuse submeter-se ou obedecer à Regra.

Capítulo LXIII - A ordem na comunidade

[1]No mosteiro cada um conserve o seu lugar conforme a ordem estabelecida pela época da conversão ou pelo mérito da vida ou de acordo com as determinações do abade.

[2]Todavia, o abade não deve semear inquietação no rebanho que lhe está confiado, nem fazer disposições injustas, como se exercesse um poder arbitrário; [3]pense ele constantemente nas contas que terá de dar a Deus de todas as suas resoluções e de todos os seus atos. [4]Portanto, segundo o lugar que tiver fixado ou o que os irmãos ocuparem por sua entrada, irão eles receber a paz e a comunhão, entoarão os salmos e se colocarão no coro [5]e em lugar algum a idade será motivo de vantagens ou prejuízos, [6]uma vez que Samuel e Daniel ainda meninos julgaram anciãos.

[7]Por conseguinte, à exceção daqueles a quem, como dissemos, o abade tiver concedido lugar mais elevado por motivos superiores, ou dos que ele tiver rebaixado por certas razões, todos os outros serão colocados de acordo com o tempo da conversão; [8]de forma que, por exemplo, quem chegou ao mosteiro à segunda hora do dia, qualquer que seja a sua idade ou dignidade, saiba que o seu lugar é abaixo daquele que chegou à primeira hora.

[9]Quanto às crianças são mantidas na observância por todos e em todas as coisas.

[10]Honrem portanto os mais novos aos mais antigos e os mais antigos se afeiçoem aos mais novos. [11]Quando se chamarem uns aos outros, a ninguém será permitido chamar o outro apenas pelo seu nome; [12]Os antigos deem aos mais novos o nome de "irmãos" e os novos deem aos antigos o de "senhor", termo que exprime o respeito devido a um pai.

[13]Acreditando que o abade ocupa o lugar de Cristo, será chamado "Dom e Abade" não por pretensão sua, mas em honra e por amor de Cristo. [14]Reflita bem sobre isso e mostre-se digno de tal honra. [15]Em qualquer lugar onde se encontrem os irmãos, o mais novo pede a bênção ao mais antigo. [16]Se passar um antigo, levanta-se o mais novo e dá-lhe o lugar para se sentar, não ousando sentar-se de novo sem que receba ordem do antigo, [17]a fim de se cumprir o que está escrito: *Antecipai-vos em atenções uns para com os outros.* [18]Os meninos, quer os

menores quer os adolescentes, guardem os seus lugares com disciplina no oratório e à mesa. [19]Mas, fora dali e onde quer que estejam, ficam sob guarda e vigilância, até atingirem a idade da compreensão.

Capítulo LXIV - A eleição do abade

[1]Na eleição do abade, tenha-se sempre em mente estabelecer aquele que houver sido escolhido unanimemente, no temor de Deus, por toda a comunidade ou somente por uma parte dela, ainda que a menos numerosa, sendo mais acertada a sua opinião. [2]Será feita tal escolha segundo o mérito da vida, a doutrina e a sabedoria da pessoa, ainda mesmo que ocupasse o último lugar na comunidade.

[3]Se acontecer que a comunidade inteira (o que Deus não permita) eleja unanimemente uma pessoa cúmplice de seus desregramentos, [4]chegando estes ao conhecimento do bispo da diocese a que pertença esse lugar, ou dos abades e cristãos da vizinhança, [5]devem eles impedir que prevaleça a conspiração dos maus e estabeleçam na casa de Deus um digno administrador, [6]certos de que receberão uma boa recompensa, se o fizerem com intenção pura e pelo zelo de Deus, assim como cometeriam um pecado, mostrando-se negligentes.

[7]Uma vez estabelecido o abade, deve pensar sempre no encargo que recebeu e quem é aquele ao qual terá de prestar contas da sua administração.

[8]Saiba também que deve mais servir do que mandar. [9]É portanto, necessário ser ele douto na lei divina, a fim de saber onde buscar o novo e o antigo.

Seja casto, sóbrio, misericordioso, [10]fazendo sempre *prevalecer a misericórdia acima da justiça*, para obter igual tratamento, [11]Odeie os vícios, porém ame os irmãos.

[12]Nas próprias correções, proceda com prudência e sem excessos, a fim de que desejando raspar demais a ferrugem não se quebre o vaso. [13]Nunca perca de vista a sua própria fragilidade. e *lembre-se de que não deve esmigalhar o caniço já rachado.*

[14]Não queremos dizer com isso que deixe desenvolverem-se os vícios; ao contrário, deve arrancá-los, mas com prudência e caridade, conforme lhe parecer melhor em relação a cada um, como já dissemos, [15]e procure ser mais amado do que temido.

[16]Não seja agitado nem inquieto; não seja imoderado, obstinado, invejoso ou demasiado desconfiado; de outro modo, nunca estará tranquilo.

[17]Seja previdente e refletido nas suas ordens, quer no serviço de Deus, quer nas coisas deste mundo. Impondo os trabalhos use de discernimento e moderação, [18]considerando a discrição do santo patriarca Jacó, que dizia: *Se eu fatigar os meus rebanhos, forçando-os a caminhar demais, morrerão todos num só dia.*

[19]Aproveitando-se, portanto, deste exemplo e de outros semelhantes sobre a discrição, que é a mãe das virtudes, regule todas as coisas de tal modo que os fortes desejem fazer mais e os fracos não desanimem.

[20]E principalmente, conserve em todos os pontos a presente Regra, [21]a fim de que, depois de haver bem administrado, ouça do Senhor estas palavras proferidas por ele em relação ao bom servo que, em tempo oportuno, distribuiu o trigo entre os seus companheiros: [22]*Em verdade vos digo: ele o estabelecerá sobre todos os seus bens.*

Capítulo LXV - O Prior do mosteiro

[1]Acontece muitas vezes surgirem da eleição do prior graves escândalos nos mosteiros, [2]pelo fato de haver alguns que possuídos de um mau espírito de orgulho, considerando-se segundos abades e atribuindo-se um poder tirânico, alimentam conflitos e provocam desentendimentos na comunidade, [3]principalmente nesses lugares onde o prior é constituído pelo mesmo bispo ou pelos mesmos abades que constituíram o abade.

[4]É fácil compreender quão absurdo seja isto, porquanto desde o princípio da sua eleição se lhe fornece motivo de orgulho, [5]dando-lhe razão de pensar que está livre do poder de seu abade, [6]visto ter sido eleito pelos mesmos que elegeram o abade. [7]Daí surgem invejas, rixas, murmurações, rivalidades, desentendimentos, desordens. [8]Ora, enquanto o abade e o prior se acharem assim separados pelo modo de sentir, é inevitável estarem as suas almas em perigo no meio dessas divisões; [9]Os seus súditos, adulando a um ou a outro partido, expõem-se a perder-se, [10]e o mal resultante de tal perigo recai principalmente sobre aqueles que se fizeram autores da eleição.

[11]Eis porque julgamos ser conveniente para a conservação da paz e da caridade ter o abade entre as suas mãos a plena administração do seu mosteiro. [12]E se for possível, conforme estabelecemos acima, seja todo o serviço do mosteiro disposto por meio dos decanos, segundo as ordens do abade, [13]para que, dividido o encargo por muitos, não haja ocasião de que um só se ensoberbeça.

[14]Todavia, se o lugar exigir ou a comunidade o pedir com humildade e por motivo justo, julgando o abade conveniente, [15]poderá escolher quem ele quiser e nomeá-lo seu prior, com o conselho dos irmãos tementes a Deus. [16]O prior executará com todo o respeito tudo quanto o abade lhe ordenar, nada fazendo contra a sua vontade ou determinações, [17]pois tanto mais cuidadosamente deve observar os preceitos do abade, quanto mais elevado estiver acima dos outros.

[18]Se esse prior vier a ser reconhecido como vicioso, seduzido pela soberba, ou cheio de desprezo pela santa Regra, seja admoestado até quatro vezes. [19]Se não se emendar, sofrerá correção pela disciplina regular. [20]Se por esses meios não se corrigir, será destituído do cargo de prior e substituído por outro que seja digno.

[21]Se, depois disso, não permanecer sossegado e obediente na comunidade, será mesmo expulso do mosteiro. [22]Mas, pense o abade que tem de dar contas a Deus de todas as suas determinações, para que a chama da inveja ou do ciúme não venha a queimar-lhe a alma.

Capítulo LXVI - O porteiro do Mosteiro

[1]À porta do mosteiro coloca-se um ancião prudente que saiba receber e dar uma resposta e cuja maturidade o impeça de vaguear. [2]O porteiro deve ficar alojado junto da porta, a fim de que os que chegam o encontrem sempre presente para lhes responder.

[3]E logo que alguém bater à porta ou algum pobre clamar, ele responde "Demos graças a Deus" ou abençoe [4]e, com toda a doçura oriunda do temor de Deus, se apressa em responder com fervorosa caridade.

[5]Quando o porteiro necessitar de ajudante, ser-lhe-á dado um irmão mais moço.

[6]Se for possível, o mosteiro deve estar situado de forma que ali se encontrem todas as coisas necessárias, isto é, água, moinho,

jardim, padaria, para se exercerem em seu recinto os diversos ofícios [7]e os monges não precisarem andar por fora, o que não seria bom de modo algum para as suas almas.

[8]Queremos que esta Regra seja lida muitas vezes em comunidade para nenhum irmão se desculpar sob pretexto de ignorância.

Capítulo LXVII - Os irmãos que viajam

[1]Os irmãos que recebem ordem de viajar, se recomendam às orações de todos os monges e do abade, [2]e na última oração do Ofício Divino seja sempre feita a menção de todos os ausentes.

[3]Ao regressarem, e no mesmo dia da chegada, os irmãos prostrados por terra no oratório no fim de todas as Horas canônicas do Ofício Divino, [4]pedem a todos rezarem por eles em razão das faltas que talvez cometessem em viagem, deixando-se surpreender vendo ou ouvindo alguma coisa má ou mantendo conversações ociosas.

[5]Nenhum tenha a ousadia de transmitir aos outros tudo o que tiver visto ou ouvido fora do mosteiro, pois poderia prejudicar muito. [6]Portanto, se alguém ousar fazê-lo, será submetido a correção regular; [7]do mesmo modo quem ousar sair do recinto do mosteiro ou ir a qualquer lugar, fazer seja o que for, mesmo de pouca importância, sem ordem do abade.

Capítulo LXVIII - Se são ordenadas a um irmão coisas impossíveis

[1]Se acontecer que se ordene a um irmão coisas difíceis ou mesmo impossíveis, deve ele receber com toda mansidão e obediência a ordem que lhe for dada. [2]Mas, se vir que o fardo excede totalmente a medida de suas forças, deverá expor ao superior, com paciência e no momento oportuno, as razões da sua impossibilidade, [3]sem orgulho, resistência ou contradição. [4]Se depois de lhe ter ouvido as ponderações, o superior insiste no seu modo de pensar e mantém a ordem, saiba o mais moço ser-lhe isso de vantagem 5e, confiando no socorro de Deus, obedeça por amor.

Capítulo LXIX - Que ninguém no Mosteiro ouse defender o outro

[1]É preciso tomar todo cuidado para que no mosteiro um monge, em caso algum, ouse defender outro e como que protegê-lo, [2]mesmo que qualquer laço de parentesco os una. [3]Não tenham os monges essa ousadia, de qualquer modo que seja, pois disso podem nascer ocasiões gravíssimas de escândalos. [4]Se alguém transgredir esta proibição, seja muito severamente castigado.

Capítulo LXX - Que ninguém se atreva por próprio arbítrio a castigar ou excomungar outro

[1]Para evitar no mosteiro todo motivo de presunção, [2]Ordenamos e estabelecemos que a ninguém seja permitido excomungar nem castigar algum dos seus irmãos, a não ser que recebesse do seu abade poder para tal fim. [3]Aqueles que cometerem faltas serão repreendidos em presença de todos, a fim de que os outros se intimidem.

Quanto aos meninos, até atingirem os quinze anos, [4]permaneçam sob a diligente correção e vigilância de todos, [5]porém, com toda a moderação e inteligência.

[6]Se alguém ousar repreender, embora ligeiramente, sem ordem do abade, os de mais idade, ou mesmo castigar as crianças sem discrição, será submetido à disciplina regular, [7]porquanto está escrito: *Não faças a outrem o que não, queres que te façam.*

Capítulo LXXI - Os irmãos se obedeçam mutuamente

[1]Não é somente ao abade que todos devem tributar o bem da obediência, mas também os irmãos devem obedecer uns aos outros, [2]sabendo que por esse caminho da obediência eles vão a Deus. [3]CoIocando, portanto, acima de tudo as ordens do abade e dos demais superiores, por ele estabelecidos, a cujas ordens não permitimos preferir as dos particulares, [4]todos os jovens obedeçam aos mais antigos, com toda a caridade e solicitude. [5]Encontrando-se alguém que conteste, seja castigado.

[6]Quando um irmão for repreendido pelo abade ou algum dos antigos, por qualquer causa mesmo ligeira e de qualquer forma que

seja, [7]se notar que o espírito desse superior está irritado contra ele, ou ressentido ainda que levemente, [8]logo sem demora se prostre aos seus pés, para lhe dar satisfação, e assim permaneça até que por uma bênção seja acalmada essa emoção. [9]Se alguém, por desprezo, deixar de proceder assim, sofra castigo corporal; mostrando-se obstinado, seja expulso do mosteiro.

Capítulo LXXII - Do zelo bom que os monges devem ter

[1]Assim como há o zelo mau de amargura, que separa de Deus e conduz ao inferno, [2]há também o zelo bom que afasta dos vícios e conduz a Deus e à vida eterna. [3]Exerçam, portanto, os monges esse zelo com amor ferventíssimo, 4isto é: antecipem-se uns aos outros em honra. [5]Suportem com a máxima paciência as suas enfermidades, quer corporais quer espirituais. [6]Rivalizem em prestar mútua obediência. [7]Ninguém procure o que lhe pareça vantajoso para si, mas sim o que for útil para os outros. [8]Satisfaçam com casto amor a dívida da caridade fraterna. [9]Temam a Deus. [10]Amem o seu abade com sincera e humilde caridade. [11]Nada absolutamente prefiram ao Cristo, [12]que nos conduza todos juntos para a vida eterna. Amém.

Capítulo LXXIII - A prática da justiça não está toda contida nesta Regra

[1]Escrevemos esta Regra a fim de que, observando-a nos mosteiros, demonstremos possuir pelo menos honestidade de costumes, ou princípios de vida monástica. [2]Mas, para aqueles que se apressam em alcançar a vida perfeita, há as doutrinas dos Santos Padres, cuja observância conduz o homem ao cume da perfeição. [3]Com efeito, qual a página de autoridade divina no Antigo e Novo Testamento, que não represente uma norma retíssima para a vida humana? [4]Ou ainda, qual o livro dos Santos Padres católicos que não transmita o modo de chegarmos por caminho reto ao nosso Criador? [5]Além disso, as Conferências dos Padres, as suas Instituições e as suas Vidas, como também a Regra de nosso Pai São Basílio, [6]que são elas senão os instrumentos das virtudes dos monges que vivem bem e obedecem? [7]Quanto a nós enfraquecidos, relaxados e negligentes,

devemos corar de confusão.

[8]Portanto, quem quer que sejas tu que te apressas para a pátria celeste, cumpre com o auxílio do Cristo, esta mínima Regra escrita para principiantes; [9]e enfim, chegarás sob a proteção de Deus, a essas maiores alturas de doutrina e de virtudes, que acima indicamos.

São Bento

Nasceu em Núrsia, (Itália) por volta do ano 480. Ainda jovem estudou em Roma, tendo posteriormente procurado viver a vida eremítica na gruta de Subiaco. Mais tarde um grupo de discípulos se sente atraído pela sabedoria de Bento, sendo fundado, assim, o núcleo inicial do famoso mosteiro de Monte Cassino. Foi nesta localidade que escreveu a famosa Regra Beneditina. Pela coerência e clareza de sua escrita, muitos monges adotaram esta regra. Assim, *Ora et Labora* (oração e trabalho) traduz o sentido da regra para o estilo de vida monástica tão difundido no Ocidente, tornando-se o lema da Ordem dos assim chamados Monges Beneditinos. Por tal atitude São Bento foi proclamado patriarca dos monges do Ocidente.

Morreu no mosteiro de Montecassino a 21 de março de 547. Suas relíquias podem ser veneradas na cripta deste cenóbio, num magnífico mausoléu decorado em estilo beuronense.

No calendário católico, seu dia é comemorado a 11 de julho, data em que suas relíquias foram trasladadas para a Abadia de Saint-Benoît-sur-Loire.

No ano de 1964 o Papa Paulo VI proclamou São Bento como padroeiro da Europa. Sua Santidade, o Papa emérito Bento XVI o tem como protetor e patrono. Daí a escolha de seu nome.

Bibliografia

A BIBLIA DE JERUSALEM . São Paulo: Paulus, 2001.

SOBRE MONAQUISMO:

BÖCKMANN, A. Perspectivas da Regra de São Bento. Rio de Janeiro: Lumen Christi, 1990.

BONOWITZ, B. Buscando verdadeiramente a Deus. Santo André: Editora Mensageiro de Santo Antônio, 2013.

COLLART, C. A sabedoria de São Bento para nosso tempo. São Paulo: Palavra e Prece, 2007.

DELATTE, P. A vida monástica na escola de São Bento. Juiz de Fora: Edições Subiaco, 2013.

GREGÓRIO MAGNO. Vida e milagres de São Bento. São Paulo: Artpress, 1995.

KRÜGER, K. Órdenes religiosas y monasterios. 2000 años de arte y cultura cristianos. s/l: H. F. Ullmann, 2008.

LACARRIÈRE, J. Padres do deserto. Homens embriagados de Deus. São Paulo: Loyola, 2002.

REGRA DE SÃO BENTO. Tradução Monjas da Abadia de Santa Maria, São Paulo: Grafa, 2004.

ROBERTS, A. Vida monástica. Elementos básicos. Rio de Janeiro: Lumen Christi, 1980.

AUTORIA DE ANTOINE DE SAINT-EXUPÉRY:

SAINT-EXUPÉRY, A. Correio do Sul. Rio de Janeiro: Editora Nova Fronteira, 1981.

_____. Voo noturno. Rio de Janeiro: Editora Nova Fronteira, 1982.

_____. Terra dos homens. Rio de Janeiro: Livraria José Olympio Editora, 1940.

_____. Piloto de guerra. Lisboa: Editorial Aster, s/d.

_____. O Pequeno príncipe. Rio de Janeiro: Agir, 1989.

_____. Escritos de guerra. Rio de Janeiro: Editora Nova Fronteira, 1984.

_____. Cidadela. Rio de Janeiro: Editora Nova Fronteira, 1982.

_____. Um sentido para a vida. Rio de Janeiro: Editora Nova Fronteira, 1983.

_____. Cartas do Pequeno Príncipe. Belo Horizonte: Itatiaia, 1958.

_____. O amor do pequeno príncipe. Cartas a uma desconhecida. Rio de Janeiro: Nova Fronteira, 2009.

SOBRE ANTOINE DE SAINT-EXUPÉRY:

CERISIER, A. LACROIX, A. A bela história do pequeno príncipe. Rio de Janeiro: Agir, 2013.

FLEURY, J. G. A linha: de Mermoz, Guillaumet, Saint-Exupéry e dos companheiros de epopeia. Belo Horizonte: Itatiaia, 1988.

IRMÃ ROSA MARIA. Saint-Exupéry e o céu sem limites. São Paulo: Duas Cidades, 1959.

SAINT-EXUPÉRY, C. Memórias da rosa: a mulher de O pequeno príncipe revela sua vida a dois. Rio de Janeiro: Bom Texto, 2000.

WERTH, L. La vie de Saint-Exupéry. Paris: Editions du Seuil, 1948.

WEBSTER, P. Vida e morte do pequeno príncipe. São Paulo: Marco Zero, 1994. SÍS, P. O piloto e o pequeno príncipe: A vida de Antoine de Saint-Exupéry. São Paulo: Companhia das Letrinhas, 2015.

OBLATOS:

BETTENCOURT, Estevão | BRASO, Gabriel | GUILMARD,

Jean. Os Oblatos Seculares na Família Beneditina, Editora Mosteiro da Santa Cruz
McGINNIS, MarkW. A Sabedoria dos Beneditinos – Rio de Janeiro, Nova Era: 2007
RAILA, Donald S.(OSB), Lessons from Saint Benedict, Finding Joy in Daily Life - Sacred Winds Press, Latrobe, Pennsylvania, 2011.
WAAL, Esther de, A Procura de Deus:segundo a Regra de São Bento – Juiz de Fora /MG:Mosteiro da Santa Cruz, 2002
____. Vivendo com a Contradição: Reflexões sobre a Regra de São Bento – Juiz de Fora, MG, Edições Subiaco, 2012

OUTROS:

BINGEMER, M. C. Teologia e literatura. Afinidades e segredos compartilhados. Petrópolis/Rio de Janeiro: Vozes/Editora PUC, 2015.

STANDAERT, F. L'École de Beuron: Um essai de renouveau de l'art Chrétien à fin du XIX siècle. Mardessous: Éditions de Maredessous, 2011.

Mosteiro de São Bento de São Paulo
Largo de São Bento, s/nº Centro, São Paulo -SP
CEP: 01029-010

Abade Dom Matthias Tolentino Braga, OSB
Prior Dom Camilo de Jesus Dantas, OSB
Subprior Dom Mauro Moreira da Silva, OSB

www.mosteiro.org.br
mosteiro@mosteiro.org.br

Curta a página da Cosmos no Facebook!

www.facebook.com/editoracosmos
twitter.com/cosmoseditora
cosmoseditora.blogspot.com.br

cosmos@editoracosmos.com.br
(11) 5841-5597

Papel de miolo - Off Set, 90g/m²
Papel de capa - Triplex, 250g/m²
Tipografia - Garamond, Century Gothic
Gráfica - Loyola